Dr. Benjamin Zeier

Angekommen in Peru

1.Auflage, 2021

Autor: Dr. Benjamin Zeier
Erstkorrektur: Marlies Ludwig
Zweitkorrektur: Lena Zeier/ Mirjam Nussbaum
Cover Design: Franziska Rothe
Agentur: www.frischluftdesign.de
Herausgeber: Benjamin Zeier I Ayaurco 212 I 03010 Curahuasi I Peru
Herstellung: WIRmachenDRUCK GmbH I 71522 Backnang

Printed in Germany
Print-ISBN 978-3-96592-019-4 (Hardcover)
E-Book-ISBN 978-3-96592-022-4 (PDF)
E-Book-ISBN 978-3-96592-020-0 (ePub)
E-Book-ISBN 978-3-96592-023-1 (mobi)
Audio-ISBN 978-3-96592-021-7 (Audiobook)

FSC
www.fsc.org
RECYCLED
Papier aus Recyclingmaterial
FSC® C165257

Druckversion erhältlich unter:
www.findyourmission.me/shop
Für Nachfragen:
info@findyourmission.me

Eine Produktion von fym

Personennamen wurden in manchen Fällen zur Anonymisierung geändert. Die Worttrennung erfolgt nach der Trennmethode Duden progressiv.

Dieses Buch widme ich allen Unterstützern, die diese Mission möglich machen.

Und ich widme es meinem Freund Walter Volz.

Inhaltsverzeichnis

Vorwort von Martina John

Paulus schreibt in seinem Brief an die Römer 12,1: „Weil ihr Gottes reiche Barmherzigkeit erfahren habt, fordere ich euch auf, liebe Brüder und Schwestern, euch mit eurem ganzen Leben Gott zur Verfügung zu stellen. ... Ihm auf diese Weise zu dienen ist der wahre Gottesdienst und die angemessene Antwort auf seine Liebe."

Benjamin, Lena und ihre fünf Kinder haben das getan. Sie haben Gott ihr Leben zur Verfügung gestellt. Sie haben alles auf eine Karte gesetzt. Was für ein Abenteuer! Im Alltag, im Beruf, im Familienleben geht nie alles glatt. Man braucht gar nicht erst zu denken, dass das Leben als Christ einfacher wäre. Aber mit Jesus zu leben bedeutet, alle aufkommenden Schwierigkeiten mit dem besten Freund, dem schlauesten Ratgeber und dem liebevollen, mächtigen Gott an der Seite gemeinsam zu lösen. Davon erzählt dieses Buch auf ehrliche, verständliche und spannende Weise. Es begeistert und ermutigt dazu, das eigene Leben als Gottesdienst zu gestalten.

Warum ich Bücher schreibe

Die spannendsten Geschichten schreibt das Leben. Das weiß mein Freund Albert und hat dafür die App „Meminto Stories“ entwickelt. Er hilft anderen dabei, eigene Lebensgeschichten festzuhalten.

Auch meine Geschichte ist einzigartig. Oftmals empfinde ich sie banal, manchmal zu mühsam, und hin und wieder nicht spannend genug. Doch bisweilen überrascht mich mein eigenes Leben. Wie kann es sein, dass wir vor mehr als zwei Jahren in einem der reichsten Länder der Welt gelebt haben, und heute in einem kleinen Andendorf mitten in Peru? Wie kann es sein, dass sich unser Leben als Familie über Nacht so dramatisch veränderte? Wie kann es sein, dass am 6. März 2018 für uns eine neue Zeitrechnung begann? Immer wieder fügen sich Geschichten im Leben wie Puzzleteile zusammen. Und gleichzeitig hat unser Lebensbild noch Lücken. Diese verraten, dass noch einiges kommen wird. Unser Leben ist zu kurz, um Lebenszeit sinnlos zu verschwenden. Und es ist zu spannend, um nicht niedergeschrieben zu werden. Deshalb schreibe ich die Geschichten auf. Das vorliegende Buch ist eine Sammlung interessanter Erlebnisse auf unserer Missionsreise bis hierher. Sie erzählen von Erfolgen, Misserfolgen, Siegen und Niederlagen. Sie erzählen von unserem Leben. Sie sind echt. Und wir teilen sie gerne mit anderen. Wenn ich es schaffe, dich für deine ganz eigene Mission zu begeistern, hat dieses Buch seinen Zweck erfüllt. Also dann: Los geht's!

Wir nutzen jede Möglichkeit

Am 2. Weihnachtsfeiertag 2019 machte ich mich das letzte Mal auf, um einen Vortrag zu halten. Einer meiner Patienten hatte ihn organisiert. Die Veranstaltung in Gochsen findet traditionell an diesem Tag statt. Nach dem Gottesdienst sind alle zum gemeinsamen Essen im Gemeindehaus eingeladen. Es gibt Hausmannskost und die eingehenden Spenden kommen jedes Jahr einem guten Zweck zugute. 2019 hatten sie unsere Missionsreise dafür ausgewählt. Dies war mein 92. Vortrag. Als ich am späten Nachmittag wieder nach Hause fuhr, dachte ich daran, wie aufgeregt ich beim Ersten gewesen war.

3. Februar 2019. Ich hatte für dieses Wochenende große Pläne. Mein Schwager und ich wollten nach Freiberg in Sachsen fahren. Wir renovierten dort kleinere Mietwohnungen. Diese Wochenenden waren immer von harter Arbeit geprägt und gleichzeitig eine willkommene Auszeit unter Männern. Wenige Tage vorher hatte mich Steffi, eine Freundin unserer Familie, kontaktiert. Sie würde ihren runden Geburtstag an genau diesem Wochenende feiern. Statt Geschenke wollte sie Spenden für unsere Reise sammeln. Ich nahm Steffis Angebot an, auch wenn mir dabei etwas mulmig zumute war. Zu diesem Zeitpunkt hatte ich noch nicht einmal einen Vortrag vorbereitet. Außerdem hatte ich genau für dieses Wochenende schon andere Pläne.

Am Abend vorher trommelte ich einige Freunde zusammen. Eine Woche lang hatte ich mir den Kopf zerbrochen und den Vortrag zusammengestellt. Ich wollte hören, was meine Freunde dazu sagten, bevor ich ihn das erste Mal öffentlich hielt. Meine Freunde waren davon sehr angetan. Vielleicht hätte ich mir ein kritischeres Publikum suchen sollen. Doch aller Aufregung zum Trotz verlief der Vortrag auf Steffis Geburtstag nach Plan.

Als ich später am Buffet stand, sprach mich eine der Zuhörerinnen an. „Herr Zeier - sehr guter Vortrag. Ich arbeite beim SWR. Könnten Sie sich vorstellen, dass wir einmal gemeinsam ein Interview aufnehmen?" Ich sagte direkt zu.

Und so nahm der Vortragsmarathon für ein ganzes Jahr seinen Lauf. Nach dem Radio-Interview und einem Zeitungsartikel mehrten sich die Anfragen. Bald waren es zwei oder drei pro Woche. Eine kam von Frau Senghas. Wir beide hatten uns in der Arztpraxis kennengelernt. Sie hatte regelmäßig ihren Mann dorthin begleitet. Es war bewundernswert, wie sie all das Leid mitgetragen und ihn jahrelang unterstützt hatte. Vor wenigen Monaten war er der bösartigen Erkrankung erlegen. Trotz aller Trauer wollte sie Teil unserer Mission sein. Frau Senghas hatte mein Buch „Entscheidung zum Aufbruch" gelesen. Sie fragte, ob ich mir vorstellen könnte, einen Vortrag in ihrem Wohnzimmer zu halten. Da ich mir vorgenommen hatte, jedes Angebot anzunehmen, stimmte ich zu. Als ich am 15. Juli in Neuenstadt ankam, war ich überrascht. Ich hatte mich auf einen ruhigen Abend mit älteren Damen eingestellt. Doch als Schneiderin war Frau Senghas gut vernetzt und hatte erfolgreich die Werbetrommel gerührt. Sie hatte kurzerhand das Wohnzimmer zu einer Art Vortragsraum umfunktioniert. Zu den Sofas und Sesseln gesellten sich Bierbänke. 19 Zuhörer drängten sich an diesem Abend in die kleine Stube in einer Reihenhaussiedlung in Neuenstadt. Es war ein voller Erfolg.

In den nächsten Monaten führte mich meine Vortragsreise quer durchs Land. Ich hatte zwischenzeitlich bei einigen Freikirchen angefragt. Doch die große Mehrheit der Pastoren winkte dankend ab. Die Antwort lautete immer gleich: „Brauchen wir nicht, haben wir schon." Einige dieser Gemeinden engagierten sich bereits seit Jahren mit eigenen Missionsprojekten. Es stellte sich heraus, dass Empfehlungen viel effektiver waren. Wer den Vortrag gehört hatte, war meistens angetan. Regelmäßig suchten Personen danach das Gespräch. Oft mit der Frage verbunden, ob ich auch in ihrer Kirche, ihrem Hauskreis, ihrem Wohnzimmer oder auf ihrer Geburtstagsfeier sprechen würde. Meine Antwort war stets dieselbe: „Ich benötige dafür nur eine Einladung."

Diese ließen nicht lange auf sich warten. Und so kam es, dass ich eines Abends bei der Talkrunde „Hallo Heilbronn" mit namhaften Persönlichkeiten zusammen saß. Ein anderes Mal sprach ich auf dem Weltkongress der „International Society for Medical Innovation and Technology". Mein ehemaliger Chef lachte zwar, als ich ihn um eine Einladung bat. Trotzdem zögerte er nicht, mir einen Platz einzuräumen. Er war der Präsident des Kongresses.

Das ganze Jahr über verbreiteten Patienten, Bekannte und Freunde begeistert Informationen von unserer Mission. Hunderte Male wurde mein Buch „Entscheidung zum Aufbruch“ weitergegeben und gelesen. Wir reisten durch die gesamte Republik. Von Magdeburg bis Überlingen. Immer dem Versprechen folgend, dass wir jede Einladung annehmen würden. Dabei konnten die Zuhörer nicht unterschiedlicher sein. Lions, Rotary, Lady Circle, Kiwanis und Round Table. Ich sprach in einer Schule, in Wohnzimmern und in Arztpraxen. In Hauskreisen und Kirchengemeinden. Mal hörten mir Millionäre zu, mal mittellose Schüler. Mal waren es mehrere hundert, mal waren es nur zwei. Die meisten kannte ich nicht. Doch die Botschaft dieser Mission steckte an und berührte. Die vielen Termine verlangten unserer Familie eine echte Kalenderakrobatik ab. Viele Veranstaltungen fanden am Abend statt. Oft fuhr ich direkt von der Praxis dort hin.

Wann immer es möglich war, nahm ich Lena und unsere Kinder mit. Vor allem an den Wochenenden. Dabei spielten die Umstände keine Rolle. Manchmal quartierten wir uns bei Freunden ein, manchmal fanden wir ein passendes Hotel in der Nähe. Ich sprach im Hochsommer, während eines Unwetters, bei Platzregen und Glatteis. Im Schneetreiben und bei strahlendem Sonnenschein. Mal mit Anzug, mal im T-Shirt. Nichts konnte mich davon abhalten, den Menschen von unseren Plänen zu erzählen. Wir hatten keine große Kirchengemeinde, die uns aussenden würde. Unsere Mission wäre nur möglich, wenn wir viele, ja vielleicht hunderte Einzelpersonen erreichen würden. Jeder Euro zählte und trug dazu bei, das Leben vieler Quechua-Indianer in Peru zu verändern.

Goodbye Deutschland

Juni 2019. Unser Freund Marc wollte in einigen Tagen nach Peru fliegen. Da er allein reiste, konnten wir ihm bereits einen Koffer mitgeben. Am 12. Juni filmte ich Lena dabei, wie sie den schweren Rollkoffer von der Haustüre in Richtung Treppe schob. Marc würde ihn in wenigen Minuten hier abholen.

Ich veröffentlichte dieses Video auf meinem Instagram-Account mit der Notiz:

„Der erste Koffer Richtung Peru geht auf die Reise. Ein merkwürdiges Gefühl. Vielleicht so, wie wenn man merkt, dass bei der schwangeren Ehefrau der Bauch hart wird. #missionsarzt #diospisuyana #mission #onamission #koffer #mosbach #reisenmitkindern #fivemeansgrace #auswandern #reisen“.

Wir hatten zu diesem Zeitpunkt etwas mehr als 100 Follower. Kaum einer schenkte diesen Bildern Beachtung. Keine zwei Stunden später hatte ich eine Nachricht in meinem Postfach. Ein kurzer Ausschnitt:

„Liebe Missionsarztfamilie. Jetzt kommt eine ganz komische Nachricht. Es ist tatsächlich kein Scherz, sondern eine ernstgemeinte Anfrage, die – das ahnen wir – Euch merkwürdig vorkommen wird. Das macht aber nix! Denn die meisten verrückten Sachen erscheinen einem zunächst spooky und werden dann oft zu den schönsten Erlebnissen im Leben. Jetzt zur Sache. Unser Kollege vom TV-Sender VOX hat uns auf Euch aufmerksam gemacht. Er fand Euch bei Instagram so toll und nachdem wir jetzt viel auf Eurer Homepage und Eurer Instaseite über Euch gesehen haben, möchten wir Euch gern von einem gemeinsamen Fernsehabenteuer überzeugen! Wir wissen, dass Euer Abenteuer mit Peru schon groß genug ist und jetzt rückt Euch auch noch das Fernsehen auf die Pelle. Herzlichen Glückwunsch! Wir produzieren die Sendung Goodbye Deutschland und begleiten Auswanderer auf ihren Lebensreisen. ... Gerade haben wir mit dem bekannten Starkoch Tom Franz in Israel gedreht. Ein deutscher Auswanderer, der heute in Israel so bekannt ist wie Gottschalk in Deutschland. Uns interessieren die kulturellen Hintergründe, die Motive, das Dahinter. Wir möchten Euch bitten, einmal darüber nachzudenken, ob ihr uns für vier Tage bei Eurem Projekt dabei sein lasst. Es wäre uns eine Herzensangelegenheit. Lasst uns einen tollen, ehrlichen Film machen und Euer Projekt bekannt machen! Liebe Grüße und jetzt ganz ruhig wieder ein- und ausatmen! Claudia von Canstein. Flamingo Pictures."

Ich war gerade dabei, unseren Sohn zum Mittagsschlaf hinzulegen. Wollte uns da jemand veralbern? Freunde hatten immer wieder damit gedroht, uns bei „Goodbye Deutschland“ anzumelden. Sie wussten, dass wir das ablehnen würden. Ehrlich gesagt kannte ich die Sendung nur vom Namen. Ich konnte mir beim besten Willen nicht vorstellen, dass jemand von VOX zufällig auf unseren Account gestoßen war. Es gab Millionen erfolgreicher Selbstdarsteller auf Instagram. Doch das, was ich da las, schien ernst gemeint zu sein. Dabei hallten mir noch immer die Worte unseres mittleren Sohnes im Kopf. Er hatte ein paar Tage zuvor am Esstisch gesagt: „Das Nächste, was jetzt kommt, ist das Fernsehen.“ Lena und ich hatten uns damals angeschaut und nur die Stirn gerunzelt.

Ich antwortete nicht sofort auf die Nachricht. Nachts grübelte ich. Hatte uns doch einer angemeldet? War die E-Mail-Adresse echt? Meine Recherchen über Flamingo Pictures ergaben nicht viel. Hierbei handelte es sich wohl um eine Produktionsfirma. Ich wusste nicht, was ich davon halten sollte. Am nächsten Tag antwortete ich kurz und knapp.

„Liebe Frau Canstein, unter welcher Telefonnummer
könnte ich Sie mal erreichen?
Liebe Grüße Benjamin Zeier“.

Vier Tage später saß ich im Auto und raste in der Abenddämmerung Richtung Köln. Ich wollte die Personen hinter der Mail persönlich kennenlernen. Außerdem interessierte mich brennend, wie es dazu gekommen war, dass sie ausgerechnet auf unseren unscheinbaren Instagram-Account aufmerksam geworden waren. Gegen Mitternacht kam ich im Hotel an, nur um dann festzustellen, dass ich mich bei der Buchung um einen Monat vertan hatte. Das Haus war restlos ausgebucht. Ich stand mitten in Köln und überlegte, wie ich die Nacht in meinem kleinen Opel Adam S verbringen könnte. Glücklicherweise fand ich doch noch ein leeres Zimmer in einem anderen Hotel. Der Morgen des 19. Juni war sonnenklar. Das Wetter lud zu einer Jogging-Runde am Rhein und um den Kölner Dom ein.

Um 11:00 Uhr hatten wir uns verabredet. In T-Shirt und Jeans wartete ich überpünktlich. Gab es hier einen Dresscode? Stimmte die Uhrzeit? Wie sah Frau von Canstein aus? Viele Fragen schossen durch meinen Kopf. Dieser Medienkomplex glich einem Bollwerk. Hier gab es keinen freien Zutritt. Wachpersonal schirmte die Büros der Mitarbeiter ab. Frau von Canstein kannte sich zum Glück aus. Hier würden wir gleich Pierre treffen. Den eigentlichen Drahtzieher hinter der ganzen Geschichte. Kurze Zeit später saßen wir in einem Konferenzraum. Pierre war für „Goodbye Deutschland“ zuständig. Claudia war von der Produktionsfirma Flamingo Pictures. Wieder klappte ich den Laptop auf und begann mit meinem Vortrag: „Stell dir vor, du bist krank und es gibt keinen Arzt.“

Nach zwanzig Minuten war das „Casting“ vorbei. Sie würden gerne über unsere Geschichte berichten. Doch mir brannte noch immer eine Frage unter den Nägeln: Wie in aller Welt war VOX auf unseren Instagram-Post aufmerksam geworden?

Flamingo Pictures

Wir hatten die Zusage. VOX wollte unsere Geschichte einem Millionenpublikum in Deutschland erzählen. Doch eine so weitreichende Entscheidung für unsere Familie konnte und wollte ich nicht allein treffen. Also vereinbarten wir mit Flamingo Pictures ein Kennenlernen in Mosbach. Wir wollten sehen, was die Kinder dazu sagten. Nur wenn sie sich wohlfühlten und Lena keine Einwände hätte, wären wir dabei.

Ein paar Tage später machte sich Claudia auf den Weg zu uns. Als sie abends ging, war das Feedback durchweg positiv. Alle Kinder mochten sie und auch Lena hatte nichts auszusetzen. Für uns ist Vertrauen die Grundlage für so ein Abenteuer.

In den kommenden Tagen schaute ich mir einzelne Ausschnitte der Sendung „Goodbye Deutschland" an. Doch in den Auswanderungsgeschichten konnte ich mich nicht wiederfinden. In unserem Freundeskreis sickerte langsam durch, dass wir mit VOX in Kontakt standen. Ein Teil war hellauf begeistert. Der andere Teil hatte größte Bedenken.

Sie hatten Sorge, dass wir durch den Dreck gezogen werden, nur um reißerische Szenen für gute Quoten zu produzieren. Letztlich kann jede Geschichte auf verschiedene Arten erzählt werden. Es gab keinerlei Veto- oder Mitspracherecht. Wie der Produzent es schneidet, wird es ausgestrahlt.

In unserer Familie gibt es eine Stimme, die mehr zählt als unsere Bedenken. Bis heute haben wir Gott immer ein Mitspracherecht eingeräumt. Er hat schon auf viele unterschiedliche Weisen zu uns gesprochen. Gott spricht auf verschiedenen Wegen. Auch durch sein Wort, die Bibel.

Seit vielen Jahren tragen wir diesen Schatz in unseren Herzen. Viele Geschichten, Verse und Begegnungen sind dort fest eingeschrieben. „Gott, was meinst du eigentlich zu der Sache mit Goodbye Deutschland?", war Lenas Frage. Die Antwort kam schnell und unmissverständlich: „Lasst euer Licht leuchten vor den Menschen." - Matthäus 5,16. Das war deutlich. Unsere Mission ist es, Gottes Licht in dieser Welt scheinen zu lassen. Mit dem was wir tun und dem, was wir sind. Wir teilen unser Leben. Was spricht dagegen, wenn andere dabei zusehen? Wir wissen, dass es auch Kritiker geben wird. Es wird immer Menschen geben, die sich daran stören. Doch das ist nicht unsere Verantwortung.

Wir stimmten zu. Noch nie hatten wir als Familie eine solche Produktion mitgemacht. Am 27. November ging es los. Wenige Wochen vor der Ausreise. Zwei Tage lang begleiteten sie meinen Alltag als Arzt. Auch unser Familienleben spielte eine große Rolle. Wir starteten an der Notarztwache in Bad Rappenau. Hier hatte ich die meisten Notarztdienste gemacht. Das Team kannte mich. Über die Jahre waren aus kollegialer Zusammenarbeit richtige Freundschaften entstanden. Anschließend drehten wir in meiner Praxis. Am nächsten Tag ging es daheim privat weiter. Würden sie es schaffen, unseren realen Familienalltag einzufangen? Auf Drehbuch und gestellte Szenen hatte ich keine Lust. Es sollte authentisch und ehrlich sein. Aus anfänglicher Skepsis hatte sich in kurzer Zeit eine herzliche Beziehung entwickelt. Bis heute fragen die Kinder nach Claudia, Elisa, Ann-Kathrin und Uwe.

Monate später. Die Ausreise und die Zeit in Lima lagen bereits hinter uns. Wir waren weitergezogen und wohnten jetzt in einem Hochhaus in Arequipa. Bald würde uns das VOX-Team in Peru besuchen. Koffer und Equipment waren bereits gepackt. Alles war startklar. Doch die Lage in Peru spitzte sich immer weiter zu. Noch gab es in Arequipa keine Corona-Patienten. Wenige Tage vor der geplanten Ausreise des VOX-Teams las ich morgens in allen großen Tageszeitungen vom ersten Verdachtsfall. Das Gesicht des jungen Mannes wurde in voller Größe abgebildet. Er war der Schuldige, der jetzt die Seuche hier eingeschleppt hatte. Zwei Tage später stellte sich heraus, dass er nicht mit Covid-19 infiziert war. Man hatte die falsche Sau durchs Dorf getrieben. In den sozialen Medien wurde der Ruf nach einer Grenzschließung immer lauter. Alle Reisenden wurden als Gefahr gesehen und sollten am besten sofort wieder verschwinden. Ich hatte ein mulmiges Gefühl. Was, wenn das Team in dieser explosiven Stimmung hier aufkreuzte?

Samstag, 14. März 2020. Die Zeichen am Horizont machten wenig Hoffnung auf eine unbeschwerte Reise. In Deutschland dachte Herr Söder laut über ein Einreiseverbot nach. Und hier sollte es nur noch Stunden dauern, bis der Präsident dies auch für Peru verkünden würde. In letzter Minute sagte das Fernsehteam ab. Die Enttäuschung war riesig. Dass diese Entscheidung richtig war, zeigte sich im Nachhinein. Am selben Wochenende wurden die Grenzen Perus geschlossen. Der internationale Flugverkehr kam zum Erliegen. Für Monate gab es keine Möglichkeit mehr, das Land zu verlassen.

Arm und Reich

Mitte 2019 verkauften wir unser wunderschönes Haus. Viel Herzblut und Eigenleistung hatten wir in diese Immobilie gesteckt. Alles mit der Erwartung, dass wir die nächsten 40 Jahre hier wohnen würden. Es sollten nur drei werden. Zu Beginn der Finanzierung hatten wir wie üblich den niedrigen Zins für zehn Jahre festgeschrieben. Und jetzt wurden Vorfälligkeitszinsen fällig. Damit bezahlt man die Zinsen, die die Bank nicht bekommt, weil man das Geld vorzeitig zurückzahlt. Das tat uns besonders weh, weil wir den sechsstelligen Gewinn aus dem Verkauf unserer Immobilie für wohltätige Zwecke und andere Missionen spenden wollten. Lieber hätten wir mit diesem Geld sechs weitere Projekte finanziert. Eine Verhandlung war nicht möglich. Wir waren vertraglich dazu verpflichtet und bezahlten das Geld. Vertrag war Vertrag. Das wussten wir. Daran gab es auch nichts auszusetzen. Von Seiten der Bank gab es das Signal, dass man unser Anliegen verstanden habe. Man konnte sich grundsätzlich vorstellen, die Mission in Peru zu unterstützen.

Einige Monate später, am 12. Oktober, schrieb mir die Bank. Mein Blick fiel auf den fett gedruckten Abschnitt. Hier stand „Peru 2020" und anschließend eine 1 mit 4 Nullen. Ich ließ mich rückwärts auf meinen Sessel fallen. Unsere Hausbank hatte gerade mit Abstand die größte Spende für unsere Mission zugesagt. Konnte das wirklich wahr sein? Noch einmal begann ich zu lesen.

Sehr geehrter Herr Dr. Zeier,
Gerne unterstützen wir Ihre in Vorbereitung
befindliche Mission. „P e r u 2 0 2 0"
Mit einer Spende in Höhe von 100,00 Euro. ...

Ich zählte noch einmal die Nullen nach. Irgendetwas stimmte mit dieser Zahl nicht. Hatte ein Mitarbeiter versehentlich das Komma falsch gesetzt? War es tatsächlich ernst gemeint? Betrug die angekündigte Spende meiner Hausbank wirklich 100 Euro? Ich wusste nicht, ob ich lachen oder weinen sollte. In den vergangenen Jahren hatten wir hunderttausende Euro bei dieser Bank finanziert. Seit 30 Jahren war ich dort Kunde. Und unsere Mission nach Peru war ihnen 100 Euro wert? Meine Enttäuschung war grenzenlos. Sicher. Wir sind für jede Spende dankbar, egal wie klein oder groß. Jeder Euro hilft, Leben zu verändern. Und doch empfand ich diesen Betrag von einem derartigen Geldinstitut mit einer so langen Beziehung zu unserer Familie als einen blanken Hohn.

Am selben Tag hatte ich abends einen Vortrag in einer Hausarztpraxis. Als Notarzt hatte ich vor Wochen einen Patienten dort abgeholt. Über den Patientenfunk wusste die Kollegin bereits von unserer Auswanderung. Sie und ihr Mann waren seit Jahren ebenfalls ehrenamtlich tätig. Auch sie wollte uns unterstützen. Mit kostenloser Werbung im Wartezimmer-TV und einem Vortrag mit Freunden und Bekannten. Dort könnte ich dann über unsere Mission berichten.

Nette Leute und gute Gespräche, der Abend war ein voller Erfolg. In der ersten Reihe saßen einige Kinder befreundeter Familien. Einer der Jungs kam nach dem Vortrag auf mich zu und bot mir seine Hilfe an. Tristan wollte 80 Euro aus seinem Sparschwein spenden. Wenige Tage später erhielt ich eine Nachricht seiner Mutter. Tristan hatte alles mit seinen Eltern besprochen. Mit seinen acht Jahren wollte auch er dazu beitragen, dass Quechua-Indianer medizinische Hilfe bekamen. Am 30. Oktober fuhr ich mit einem großen Scheck zu ihm nach Hause. Zu meiner Überraschung hatte Tristan nicht nur 80 Euro aus seiner Spardose geholt. Er wollte alles geben. Außerdem hatte er seinen größeren Bruder Sean dazu bewegt, den Betrag zu verdoppeln. Stolz überreichten mir die beiden 200 Euro. Mit einem breiten Grinsen auf der Backe standen wir gemeinsam vor der Kamera. Tristan hatte dafür ein Jahr lang gespart.

Diese Geschichte berührte mein Herz, denn mir wurde klar, dass Großzügigkeit nicht von der Größe des Geldbeutels abhängt. Großzügigkeit ist eine Charaktereigenschaft. Inzwischen haben wir viele Spenden für unsere Mission in Peru erhalten. Ich bin dankbar für jeden, der im Großen und auch im Kleinen dazu beiträgt, dass wir hier in Peru unentgeltlich helfen können. Doch von allen Spenden war diese wohl die Größte.

Achterbahn der Gefühle

Die letzten 100 Tage zählte ich rückwärts. Jeden Morgen öffnete ich mein digitales Erfolgstagebuch. In der ersten Spalte notierte ich die verbleibenden Tage bis zu unserem Auszug am 2. Januar 2020.

16. Dezember. 17 Tage sollten noch verbleiben. Mittags erhielt ich einen Anruf von meiner Steuerberaterin. Sie hatte kurz vor Jahresende die Steuererklärung erstellt. Be-

vor sie die Meldung ans Finanzamt weiterleiten würde, wollte sie mich vorwarnen. Es stand eine hohe fünfstellige Summe an Steuerrückzahlungen aus. Eine Summe, mit der ich nicht gerechnet hatte. Am Nachmittag berichtete mir Lena von einem Missverständnis, das zu einer Verstimmung im Freundeskreis geführt hatte. Wir hatten von Freunden ein Fahrrad geschenkt bekommen. Dachten wir. Im Zuge der Vorbereitungen für unsere Ausreise hatten wir alle Gegenstände daheim sortiert. Dinge, die uns nicht gehörten, brachten wir zurück. Vieles verkauften wir auf einem Hausflohmarkt und auf verschiedenen Online-Portalen. Zum Schluss verschenkten wir die übrig gebliebenen Gegenstände auf „free your stuff". Lena hatte so auch das Fahrrad verkauft. Unsere Freundin hatte sich mittags gemeldet und nach dem Fahrrad gefragt. Doch das war weg. Auch das Angebot, ein neues Fahrrad zu kaufen, konnte das Problem nicht lösen. Die Stimmung war getrübt.

Am selben Abend hielt ich einen Vortrag in Bad Rappenau. Ein Arztkollege hatte mich zur „Weihnachtsfortbildung" der Ärzteschaft eingeladen. Der Kollege vor mir sprach über kardiologische Krankheitsbilder und verlieh der Veranstaltung damit die nötige Ernsthaftigkeit. Anschließend sollte ich über unsere Mission sprechen und ein gemeinsames Essen den Abend abrunden. Zusammen hatten wir dafür 90 Minuten.

Die Anzahl der PowerPoint-Folien meines Kollegen ließ mich zweifeln, dass die Zeit gerecht aufgeteilt werden würde. Nach einer Stunde war sein Vortrag immer noch nicht zu Ende. Dann kam die Fragerunde. Es waren bereits 70 Minuten vergangen, bis ich hastig meinen Vortrag eröffnete und direkt loslegte. Normalerweise benötige ich 30 Minuten. Ich versuchte, mein Sprechtempo zu verdoppeln. Nach ungefähr 10 Minuten gab mir der Gastgeber zu erkennen, dass meine Zeit abgelaufen sei. Zu diesem Zeitpunkt hatte ich noch nicht einmal die Hälfte vorgetragen. Ich fand ein zügiges Ende.

Alle Anwesenden begaben sich in den Nachbarsaal und warteten auf das Essen. Ich baute meinen Laptop und Beamer ab. Wie betäubt stand ich da und wollte nur noch so schnell wie möglich weg. Ich fühlte mich gedemütigt und fand dieses Verhalten einfach nur frech. Der Gastgeber hatte mich ja aus freien Stücken eingeladen. Ich verabschiedete mich noch vor dem Essen. Auf dem Heimweg fühlte ich mich allein und betete leise: „Gott, heute brauche ich eine liebende Umarmung von dir als Papa."

Und als würde er mit den Worten aus Psalm 23 antworten, wurde mir klar: „Er bereitet mir den Tisch." Nicht ich musste mich darum kümmern, dass die Finanzen für unsere Mission zusammenkämen, er wollte mir den Tisch decken. Alles, was ich zu tun hatte, war, mich hinzusetzen und abzuwarten. Ich würde bedient werden. Ich würde satt werden. Wir würden mehr als genug haben. Er war unser Versorger.

Um dem Ende vorzugreifen. Für 2019 zahlten wir keine Steuern. Auch die Geschichte mit dem Fahrrad löste sich friedlich auf. Und allen Erwartungen zum Trotz: Der Kollege, der an jenem Abend würdelos meinen Vortrag abgebrochen hatte, gehört heute zu unseren Unterstützern.

Diese Erlebnisse, zwei Wochen vor unserer Ausreise, haben mir einmal mehr verdeutlicht, dass wir von Gott abhängig sind. Er ist ein guter Vater, der Freude daran hat, uns an einem gedeckten Tisch großzügig zu versorgen.

Ein letztes Mal

Je weiter das Jahr 2019 fortschritt, umso präsenter wurde die anstehende Auswanderung. Nach den Sommerferien begannen langsam die Abschiede. Ein letztes Mal hier zu Besuch, ein letztes Mal dort. Trotz aller Vorbereitungen, Vorträge und täglicher Arbeit hatten wir in dieser Zeit so viele Gäste zuhause wie nie zuvor.

Außerdem mussten wir eine enorme Spendensumme sammeln und hatten in diesem Bereich nur wenig Erfahrung. Was gab es da Besseres, als die Menschen zu fragen, die jetzt schon ihren Lebensunterhalt mit Spenden bestritten? Einer der Tipps: „Erzählt allen, die ihr kennt, von eurer Mission." Wir setzten uns also hin und fingen an, Namen zu sammeln. Die engsten Freunde, Familie, entferntere Verwandte, Bekannte, Kollegen, Schulkameraden. Die Liste wurde länger. Immer, wenn uns jemand einfiel, fügten wir ihn direkt hinzu. Vor unserer Ausreise trafen wir noch einmal so viel wie möglich Freunde und Bekannte. Unzählige Gäste und Verabschiedungen gab es daher. Von den ersten hatten wir uns bereits 10 Monate vorher verabschiedet.

Irgendwann benötigten wir eine Obergrenze an wöchentlichen Einladungen. Monatelang hatten wir mehrmals die Woche Gäste. Oft hörten wir: „Wir werden uns ja noch mal sehen. Ihr seid ja noch ein paar Monate da.“ Doch uns war klar, dass es das letzte Treffen sein würde. Ab Oktober mussten wir Prioritäten setzen. Zu viele wollten noch einmal vorbeikommen. Den allerletzten Besuch empfingen wir am 23. Dezember. Zu diesem Zeitpunkt waren die meisten Möbel schon verkauft. Lediglich der Wohn- und Esszimmerbereich war unberührt geblieben.

Auch für die Kinder kam kurz vor Weihnachten eine Verabschiedung nach der anderen. Abschied im DLRG-Schwimmen, im Fußballverein, beim Tanzen. Mir zerriss es jedes Mal das Herz, wenn sie sich weinend verabschiedeten. Sie wurden von Trainern, Lehrern und Mitschülern innig geliebt.

Wie wir den 19. Dezember geschafft haben, weiß ich bis heute nicht. Lena und ich haben zum Glück einen synchronisierten Kalender. Wir sind gut organisiert. Morgens brachte ich das Auto nach Großeicholzheim, weil ich es verkauft hatte. Mein Großvater holte mich dort ab, damit ich kurze Zeit später für die nächste Aufgabe zur Verfügung stand. Mila nahm Abschied im Kindergarten in Reichenbuch und auch Elias wollte noch einmal in seinem alten Kindergarten Tschüss sagen. Lucas verabschiedete sich vom Patenonkel, nachmittags war Weihnachtsfeier in der Schule, danach Verabschiedung im Sportverein. Ich hatte an diesem Tag noch Konsildienst in der Plattenwaldklinik, dann um 19:00 Uhr einen Vortrag in der katholischen Kirche in Mosbach, und anschließend ging es um 21:00 Uhr auf die Winterfeier der urologischen Klinik in Heilbronn. Nach Mitternacht fiel ich todmüde ins Bett, nur um am morgigen Tag weitere Verabschiedungen und Kinderwünsche hinter mich zu bringen.

20. Dezember. Letzter Schultag für Kaila und Elias. Zum Abschied wurden unsere Kinder im Weihnachtsgottesdienst von den Lehrern mit einem Gebet verabschiedet. Ich saß weinend, eingepackt in eine warme Winterjacke, auf der kalten Holzbank. Später versuchte, ich meine Kinder zu trösten. Selbst die Lehrerin hatte Mühe, ein Wort über die Lippen zu bringen. Es tat einfach nur weh. Nachmittags erfüllte ich meiner Tochter einen langersehnten Wunsch. Sie wollte noch einmal Schlittschuhlaufen gehen. Doch bei zweistelligen Temperaturen gibt es keine zugefrorenen Seen. Mir blieb also nichts anderes übrig, als mit ihr nach Heidelberg auf den Weihnachtsmarkt zu fahren. Bei strömendem Regen drehte sie glücklich ihre Runden. Das Wasser stand zentimeterhoch auf der Bahn. Zeitweise war sie die Einzige auf der Eisfläche. Zwei Stunden später machten wir uns triefnass auf den Weg zurück in die Tiefgarage. Wir versuchten als Eltern, irgendwie alles möglich zu machen. Die vielen Termine waren ein organisatorisches

Meisterwerk. Oft wir uns gegenseitig die Türklinke in die Hand.

Auch Lucas blieben schmerzhafte Abschiedsmomente nicht erspart. Er hat nur wenige Freunde. Doch dafür sind diese Freundschaften von Dauer und sehr intensiv. Für ihn wollten wir einen Moment schaffen, der allen in Erinnerung bleiben würde. Ich organisierte einen gemeinsamen Ausflug in die Kletterhalle Heilbronn. Die Jungs waren begeistert. Ständig wurden Erinnerungsfotos gemacht.

Und seine Freunde? Sie hatten ebenfalls eine Überraschung für ihn parat. Die vier hatten sich überlegt, was Lucas zum Überleben in Peru auf jeden Fall benötigte. Nach kurzer Beratung waren sie sich einig: eine Playstation. Einer von ihnen erhielt den Auftrag nachzufragen. „Sag mal Luc, habt ihr in Peru eigentlich einen Fernseher?" Lucas verneinte. Der Plan war gescheitert. Ohne Fernseher gab es keine Möglichkeit, mit einer Playstation zu spielen. Ein neuer Plan musste her. Schließlich kam einem der Freunde die zündende Idee: eine Nintendo Switch. Diese Spielkonsole verfügt über einen integrierten Bildschirm. Das bedeutete aber auch, dass jeder von ihnen noch tiefer in die Tasche greifen musste. Gemeinsam legten sie für ihren Freund zusammen. Kaum war die Switch gekauft, machte die Nachricht schnell die Runde. Kaila kam am nächsten Tag freudestrahlend aus der Schule nach Hause. Sie erzählte mir von der Überraschung für Lucas. Dabei waren die beiden nicht einmal auf derselben Schule. Die Geschwisterkinder der Freunde konnten es einfach nicht für sich behalten. Die Jungs organisierten eine gemeinsame Übernachtung. Dort gab es dann die Überraschung. Ich war leider nicht dabei. Doch ich habe gehört, dass Lucas total ausgeflippt sei.

Weihnachten. Wir feierten als Familie allein. Lena gab sich alle Mühe, ein Weihnachtsfest wie jedes Jahr zu gestalten. Ich war mit meinen Gedanken weit weg. Tausend Sachen waren noch zu organisieren. Hatten wir an alles gedacht? War das Nötige vorbereitet? Was mussten wir noch besorgen? Von wem uns noch verabschieden? Selbst am Heiligabend gelang es mir nicht, abzuschalten. Die schwersten Abschiede standen noch vor uns. Vom engsten Freundeskreis und von Familienangehörigen. Schon beim Gedanken an diese kamen mir die Tränen. Viele von ihnen würde ich für Jahre, den ein oder anderen möglicherweise nie wieder sehen. Nach außen wirkte Lena so, als würde ihr das alles leicht fallen. Doch ich kenne meine Frau. Sie zeigte es einfach nicht.

Abschied tut weh

Jeden Tag aufs Neue öffnete ich mein Erfolgstagebuch. Wieder war ein Tag vergangen. Wieder verringerte sich die Zahl der Tage bis zur Ausreise um einen.

Die letzten beiden Jahre hatten wir in einer Hauskirche am Hardberg gemeinsam mit anderen Familien das Leben geteilt. Wir waren als Freunde eng zusammengewachsen. Obwohl wir eine kleine Gruppe waren, war die Gemeinschaft herzlich und innig. Eine Verabschiedung, die bis zuletzt ausstand.

Und dann war da noch der Abschied von meiner Schwester. Wir sind die besten Freunde und haben alle Höhen und Tiefen gemeinsam durchlebt. Obwohl sie am Bodensee wohnt, tut dies unserem innigen Verhältnis keinen Abbruch.

Am 28. Dezember trafen wir uns auf halber Strecke in Böblingen. Nach einem Mittagessen und einem Spaziergang war die Zeit des Abschieds gekommen. Wir sind die meiste Zeit unseres Lebens gemeinsam gegangen. Angefangen vom Kinderzimmer bis zur Studenten-WG. Gemeinsame Urlaube und gemeinsame Renovierungsarbeiten in Freiberg. Bis heute schmerzt diese Trennung.

31. Dezember. Unsere Freunde hatten ohne unser Wissen eine Abschiedsparty organisiert. Als Geburtstagsfeier von Lenas Schwester getarnt, hatten sie uns eingeladen. Für die Kinder war es wohl das schönste Silvester seit Jahren. Für uns ein weiterer Schritt auf dem Abschiedspfad.

Am 1. Januar hatten wir es fast geschafft. Abendessen bei unseren langjährigen Freunden Theo und Elisa. Ein letztes Mahl und dann auf Wiedersehen. Für Lena gingen die Verabschiedungen zu Ende. Für mich stand der schwerste noch bevor. Ich wusste nicht, dass man in 24 Stunden so viele

Tränen vergießen kann. Ich bin sachorientiert und nicht beziehungsorientiert. Und trotzdem tat es einfach nur weh. Ich hatte mir dieses Treffen bis zum Schluss aufgehoben. Es sollte der Endpunkt des „Abschiednehmens" werden. Der Moment machte mir einfach nur Angst.

Ich würde mich von dem Menschen verabschieden, der mich seit frühester Kindheit beschützt und begleitet hatte. Wenn daheim die Stimmung schlecht war und ich weinend unter meiner Bettdecke lag, war er in Gedanken immer bei mir. Er war mein größter Unterstützer. Er war derjenige, von dem ich wusste, dass ein Anruf ausreichte, und er würde mich von jedem Ort der Welt abholen. Mein Freund, mein Held, mein Unterstützer und mein Vorbild - mein Großvater Horst Schulze.

Er prägte von frühester Kindheit an meinen jungen Glauben. Dass ich heute mein Christsein mit einer tiefen Überzeugung lebe, ist zu großen Stücken sein Verdienst. Wir hatten uns für 21:00 Uhr verabredet. An einem Verkehrsschild auf einem Parkplatz oberhalb von Mosbach. Schon unzählige Male hatten wir uns hier getroffen. Mit diesem Ort verband ich die schönsten Erinnerungen mit meinem Opa. Das war unser Ort. Opa war wie immer überpünktlich und wartete bereits auf mich. Ich hatte unterwegs bei der Tankstelle noch ein Brötchen und Traubensaft besorgt. Zum Abschied wollte ich noch einmal mit ihm gemeinsam Abendmahl feiern. Mein Opa war zu diesem Zeitpunkt 82 Jahre alt. Wenn wir in drei Jahren wieder zurückkommen würden, wäre er 85 Jahre. Mir war klar, dass es unser letztes Treffen sein könnte. Tränen trübten meinen Blick, während Opa die bekannte Abendmahlstelle vorlas. Dieser Augenblick war einer der tiefsten Glaubensmomente. Es fühlte sich an, als würden wir gemeinsam mit Jesus das Mahl feiern.

Der schmerzhafteste Moment auf meiner Abschiedsreise war gekommen. Auch wenn sich in dieser Nacht unsere Wege auf dieser Erde vielleicht für immer getrennt haben: Wir werden uns wiedersehen.

Es geht in den Urlaub

Rückblick. Nach den Sommerferien war die Auswanderung immer häufiger konkretes Thema daheim. Und immer wieder gab es Tränen. Meistens in Momenten körperlicher Erschöpfung. Dann schlug die Trauer darüber durch, bald die Freunde in Deutschland zurückzulassen. „Die Auswanderung" stand wie ein großer Berg vor uns allen. Das Große daran war, dass sich niemand so richtig vorstellen konnte, was das wirklich bedeutete. Für uns als Eltern war es ein echter Drahtseilakt. Es war schwierig, die eigene Unsicherheit zu spüren, und gleichzeitig der sichere Fels für die Kinder zu sein. Es fühlte sich an, als würde man eine schwere Last tragen. Und das, während man selbst nur auf einem Bein stand, weil man einen großen Schritt nach vorne machte.

Mitte Oktober. Das Wechselbad der Gefühle machte sich seit Wochen bemerkbar. Keine Besserung war in Sicht. Die Anspannung in unserer Familie stieg ständig an. Wie könnten wir den Kindern die Angst und die Unsicherheit vor der Auswanderung nehmen? Wir nutzten jede Möglichkeit, diesen Schritt in ein positives Licht zu rücken. Gleichzeitig halfen wir unseren Kindern, unser schönes Leben in Deutschland nicht zu idealisieren. Es ging uns hier sehr gut. Wir hatten viele Freunde. Es war allerdings auch nur deshalb so schön, weil wir nichts anderes kannten. An vielen Stellen war auch dieses Leben nicht ideal. Wir zahlten einen hohen Preis für unseren Luxus. Es gab stressige Tage und Mitmenschen, die nervten. Die Ungewissheit blieb trotzdem. Wir brauchten etwas, das für die nächsten Wochen den Fokus von der Ungewissheit hin zu etwas Vertrautem lenken würde.

Und so beschlossen wir, vor unserer Ausreise noch einmal in den Urlaub zu gehen. Mit „Urlaub“ konnte jeder etwas anfangen. Wir wollten den Kindern und uns nach diesem Jahr noch einmal einen Moment der Ruhe gönnen, bevor wir uns für lange Zeit nach Peru verabschieden würden.

Am 23. Oktober hatten Lena und ich einen freien Vormittag. Lenas Bekannte arbeitete in einem Mosbacher Reisebüro. Sie war glücklicherweise an diesem Tag da. Lena war direkt. „Du weißt ja, dass wir auswandern.“, sagte sie.

„Wir wollen vorher nochmal für sieben bis zehn Tage einen Urlaub machen. Wir brauchen ein Familienhotel auf einer Insel, Sonne, Strand, All-inclusive für sieben Personen. Hast du da was für uns?" „Dieser Spaß würde uns ein Vermögen kosten", dachte ich. Von Freunden wusste ich, dass sie für Urlaube zu dieser Jahreszeit sieben- oder achttausend Euro als Familie bezahlten. Das wollte ich auf keinen Fall ausgeben. Noch nie hatten wir hochpreisigen Urlaub gemacht. Flugreisen waren mit steigender Kinderzahl unbezahlbar geworden.

Lenas Freundin tippte auf ihrer Tastatur und klickte wie wild mit der Maus herum. Nach zehn Minuten hatte sie schließlich ein Angebot gefunden. „Ich hab hier ein sehr schönes Hotel. ‚Tui Magic Life' auf Fuerteventura." Sie stockte und runzelte die Stirn. „Irgendetwas stimmt ... ", sie unterbrach kurz und fuhr dann fort. „... irgendetwas stimmt da mit dem Preis nicht. Ich habe für eine Freundin und ihre Tochter im Sommer das gleiche Hotel gebucht. Der Preis ist normalerweise viel höher. Wenn das stimmt, habt ihr riesiges Glück. So günstig habe ich dieses Hotel noch nie gesehen." Lena und ich schauten uns an. Wir verstanden uns auch ohne Worte. Während die Mitarbeiterin des Reisebüros sich durch das Buchungsformular klickte, schüttelte sie immer wieder den Kopf. „Wenn ich das so gebucht bekomme, habt ihr hier ein unglaubliches Angebot."

Lenas Freundin fragte noch, ob sie ein Alternativangebot suchen sollte, doch wir lehnten dankend ab. Mit einer Anzahlung sicherten wir uns das Angebot. Dieser Urlaub sollte uns die Hälfte dessen kosten, was andere dafür bezahlten. Bevor wir das Reisebüro verließen, drehte ich mich noch einmal zu ihr um. Sie konnte ihr Glück immer noch nicht fassen und strahlte, als hätte sie gerade einen riesigen Schatz aus der Untiefe der Urlaubsangebote gehoben. Und ehrlich gesagt hatte sie das auch.

Diese Buchung änderte für unsere Kinder den Blick in die Zukunft. Wo bisher die große Ungewissheit der Auswanderung im Fokus stand, hatte jetzt ein Traumurlaub diesen Platz eingenommen. Bei jedem aufkommenden Moment der Traurigkeit hatten wir einen Trumpf im Ärmel.

In den darauffolgenden Wochen arbeiteten Lena und ich Tag und Nacht. Vorträge, 70-Stunden-Wochen als Arzt, jeden einzelnen Gegenstand sortieren, einlagern, verkaufen, verschenken. Immer mit dem Ziel: Wenn das alles erledigt ist, fahren wir erst einmal in den Urlaub. Oft stand ich abends allein im Esszimmer am Fenster und schaute wehmütig übers Tal. Das war meine bisherige Heimat. Doch mir war auch klar - wir waren hier nur auf der Durchreise. Mein wirkliches Zuhause würde ich auf diesem Planeten nicht finden. Der Himmel würde mir eines Tages zeigen, was zuhause wirklich bedeutete.

Am 3. Januar hob unser Flieger in Richtung Fuerteventura ab. Draußen waren 5 °C. Der Wind wehte kalt. Einen Marathon an Verabschiedungen hatten wir hinter uns gebracht. In den nächsten vier Stunden würden wir den Stiefel von Italien bewundern und das Mittelmeer überqueren.

Wir würden die Meeresenge von Gibraltar von oben sehen. Ein dünnes Stück Meer, das Spanien von Marokko trennt.

Wir landeten am Nachmittag auf Fuerteventura bei strahlendem Sonnenschein. Die Kinder waren überglücklich, als wir im Hotel ankamen. Das war mit Abstand der luxuriöseste Urlaub, den wir als Familie jemals gebucht hatten. Zwei ebenerdige Appartements waren unser persönlicher Rückzugsort. Mehrere Pools, Sport- und Tennisplätze, Kinderbetreuung, Theater, Livemusik, Spa, Massage, endloser Strand, Sonne und Meer. Es war einfach nur traumhaft. Es fühlte sich an, als würden wir noch einmal tief Luft holen, um dann in eine neue Welt abzutauchen. Nach neun Tagen ging es noch einmal kurz zurück ins kalte Deutschland.

Viel Gepäck und ein Packesel

Die Reise nach Fuerteventura sollte so etwas wie die Generalprobe für die große Reise nach Peru werden. Wenn das hier reibungslos verlief, sollte der lange Flug auch kein Problem werden. Ganz so einfach war es dann doch nicht. Am Wochenende vor dem Heimflug hatte der Kinderwagen urplötzlich einen Platten. Und am Abreisetag merkten wir, dass wir Spucktüten vergessen hatten. Unser Bus fuhr in aller Frühe zum Flughafen. Es ging im Schneckentempo von einem Hotel zum anderen, um weitere Gäste einzusammeln. Wir waren noch etwa eine halbe Stunde vom Ziel entfernt, als ich hinter mir ein leises Stöhnen hörte. Unter unzähligen Tönen höre ich diese Frequenz zielsicher heraus. Unser Mittlerer hatte unterwegs ein wenig gegessen und nun drohte die Nahrung den falschen Ausgang zu wählen. Alle Versuche, den Jungen irgendwie noch bis zum Flughafen zu bringen, waren vergebens. Wenige Meter vor dem Ziel musste er sich schließlich übergeben. Dazu hatten Lena und ich auf dem Hin- und Rückflug abwechselnd unseren kleinen Sohn Jonas auf dem Schoß. Kinder unter zwei Jahren können keinen eigenen Sitz buchen. Sehr zum Leid der Mitreisenden. Er war fast nicht zu bändigen. Was würde uns da bei der großen Reise nach Peru noch alles blühen?

Dazu gab es jede Menge Reisegepäck. Lena hatte den Kinderwagen zu schieben. Und die ganze Mannschaft hatte sich um den Rest zu kümmern. Die vielen Koffer passten unmöglich auf einen Gepäckwagen. Immer wieder fiel einer herunter. Zu allem Überfluss bemerkten wir, dass wir für den langen Flug nach Peru ein Gepäckstück zu viel gepackt hatten.

Am 12. Januar kamen wir vom Urlaub zurück und landeten in Nürnberg. Wir fuhren direkt weiter nach Frankfurt. Dort hatten wir für zwei Nächte in der Nähe des Flughafens ein Hotel gebucht. Die letzten 48 Stunden in Deutschland wollten wir nutzen, um die Erkenntnisse der Generalprobe zu optimieren. Ich machte mich auf den Weg, um Flickmaterial für den Kinderwagen zu kaufen. Gleichzeitig besorgte ich Zurrbänder, mit denen wir das Gepäck auf dem Wagen befestigen konnten. Lena verbrachte die Zeit im Hotel damit, die Koffer so umzuräumen, dass wir ein Gepäckstück weniger hatten. Dabei durfte keiner das Höchstgewicht überschreiten.

In der ersten Nacht konnte ich nicht schlafen. Vor meinem inneren Auge sah ich mich in 24 Stunden am Flughafenschalter der Lufthansa stehen. Lena würde unsere Kinder in Schach halten. Ich würde gleichzeitig versuchen, einer Überzahl an Koffern irgendwie Herr zu werden. Dazu hatten sich unsere Freunde von Flamingo Pictures gemeldet, weil sie uns beim Abschied filmen wollten. Wie sollten wir das schaffen? Und wie ich so da lag und grübelte, kam mir ein Gedanke. Er war so laut, dass ich ihn hören konnte. „Ich werde dir einen Packesel schicken." Ich grinste innerlich. Wer sollte das sein? Wir waren hier allein. Niemand würde uns helfen. Lena schlief in dieser Nacht mit dem anderen Teil der Kinder im Nachbarzimmer.

Als ich am nächsten Morgen aufwachte, las ich meine Kurznachrichten. Lena hatte mir in aller Frühe eine WhatsApp weitergeleitet. Sie stammte von unserer Freundin Marlies. Marlies war als Mitarbeiterin einer großen IT Firma seit Jahren auf der ganzen Welt unterwegs. Als Vielfliegerin kannte sie Flughäfen von innen und außen. Sie schrieb uns, dass es bei der Lufthansa die Möglichkeit gibt, bereits am Vorabend des Fluges das Gepäck einzuchecken. Außerdem bot sie an, am Abend nach Frankfurt zu kommen, um uns zu helfen. Ungläubig schüttelte ich den Kopf. Auch wenn ich Marlies nicht als Packesel bezeichnet hätte, war sie doch im Freundeskreis dafür bekannt, dass sie kräftig zupacken konnte.

Am selben Abend stand sie mit unserer Freundin Elisa vor dem Hotel. Während Lena und Elisa sich um die Kinder kümmerten, brachten Marlies und ich das Gepäck zum Flughafen. In Ruhe konnten wir die Koffer aufgeben. Wir hatten alle Zeit der Welt und trafen auf entspannte und gut gelaunte Mitarbeiter der Lufthansa. Ich hatte Marlies nicht auf dem Schirm gehabt, aber Gott hatte sich selbst um diese Kleinigkeit gekümmert.

Der nächste Morgen. Um 7:30 Uhr ging es zum Flughafen. Ausgeschlafen und entspannt drehten wir die einzelnen Szenen für unsere Sendung bei „Goodbye Deutschland". Einzig das Handgepäck, den Kinderwagen und meine Gitarre hatten wir bei uns.

Eine letzte Hürde, dann konnte die Reise losgehen. Die Sicherheitskontrolle. Mit fünf Kindern wünsche ich mir jedes Mal die doppelte Menge an Händen. Wer mit Kindern reist weiß, wovon ich spreche. Die Kleinen müssen teilweise aus- und wieder angezogen werden. Das Handgepäck muss auf verschiedene Kisten verteilt werden. Und das alles, während irgendwas immer piepst. Mitten in diesem Trubel hatten wir versehentlich unser Laptop im Handgepäck belassen. Bei der Röntgenkontrolle war das sofort aufgefallen. Das MacBook wurde konfisziert und ein Bundespolizist hinzugezogen. Nun drohte Ärger. Ich wurde aufgefordert, das Gerät zu starten. Doch der Akku war leer und das Ladekabel befand sich in unserem Koffer. Nach minutenlanger Diskussion gab der Polizist endlich nach.

Bis heute weiß ich nicht, wer ihm mehr leidtat - wir oder das Flughafenpersonal. Mila hatte sich bereits daran gemacht, den Sicherheitsapparat von innen zu betrachten. Auch Jonas hatte sich schon auf Entdeckungsreise begeben. Schließlich waren wir endlich durch und unsere Reise nach Südamerika konnte beginnen.

Es geht los

Die letzte Stunde verbrachten wir im Transitbereich des Frankfurter Flughafens. Die Kinder spielten in der Ecke. Lena verschickte die letzten Nachrichten. Jeder hatte seine eigene Strategie, um mit diesem spannungsgeladenen Moment umzugehen. In Kürze würden wir in eine dieser riesigen Maschinen einsteigen und für die nächsten Jahre Deutschland hinter uns lassen. Wir hatten den „Point of no return" überschritten. Es gab kein Zurück mehr. Wir würden einsteigen, und wenn wir das nächste Mal Boden unter den Füßen spürten, wären wir in Südamerika. 13 Stunden Reise und sieben Stunden Zeitverschiebung. Wir starteten hier im Winter, um auf der Südhalbkugel im Sommer zu landen.

Mit einem Kaffee in der Hand stand ich am Fenster und betrachtete die großen Flugzeuge der Lufthansa. In diesem Moment ließ ich mein altes Leben in Deutschland los. Es war vorbei. Alle Sonnen- und Schattenseiten. Wenn ich wieder zurückkäme, wäre alles anders. Aber vor allem: Ich wäre anders. Diese Reise würde auch mich für immer verändern.

Wenig später saßen wir auf unseren Sitzplätzen im Flieger. Für sieben Personen hatten wir sechs Sitze gebucht. Ein letzter Blick aufs Handy kontrollierte die WhatsApp-Nachrichten. Daniel, einer unserer Unterstützer und ein Freund der Familie, schrieb mir:

„Unsere Wege kreuzen sich noch, ich stehe direkt hinter euch, und wenn ihr startet vielleicht neben euch, Kennung D-AINL steht aufm Heck Familie Zeier gute gesegnete Reise Herzlichst Daniel."

Daniel ist ein erfahrener Lufthansa-Pilot, der an diesem Morgen im Cockpit eines „A320neo" saß. Er arbeitete gerade die letzte Checkliste ab. Wir waren uns in diesem Moment so nah. Mit jeder weiteren Stunde würden uns tausende Kilometer trennen. Er war der letzte Freund, der sich von uns verabschiedete. Seine Gebete begleiteten uns.

Die Reise mit Lufthansa hätte nicht angenehmer verlaufen können. Genauso entspannt wie der Check-in, verlief unser Flug über den Atlantischen Ozean. Wann immer man zum Fenster hinausblickte, sah man Wasser. Diese unendliche Weite des Meeres zeigte seine volle Größe. Eins sollte sich auf allen weiteren Flügen wiederholen: Angrenzend an unsere reservierten Sitze war jedes Mal ein weiterer Platz frei. Auch Jonas hatte seinen Sitzplatz mit eigenem Unterhaltungsprogramm. Die Stunden vergingen wie im Flug. Diese Reise war nichts im Vergleich zu den vier Stunden, die wir nach Fuerteventura hinter uns gebracht hatten.

Gegen Mitternacht mitteleuropäischer Zeit landete unser Flieger in Panama City. Hier war schon alles anders. Doch was würde uns erst erwarten, wenn wir in Peru ankämen? Auf diesen Moment hatten wir nun fast zwei Jahre hingearbeitet.

Auf unserer inneren Uhr war es bereits 24:00 Uhr. Doch wegen der Zeitverschiebung schien draußen die Sonne. Alle waren übermüdet. Elias und Kaila waren zwischenzeitlich der Müdigkeit erlegen. Wie erschlagen lagen sie auf dem Boden vor dem Gate und schliefen tief und fest. Normalerweise hätte ich sie aufgeweckt, weil sie auf dem schmutzigen Boden lagen. Aber jetzt war ich froh, dass wenigsten sie ruhig waren. Kaum hatte unser Anschlussflug Panama City verlassen, schliefen alle um mich herum ein. Mehr als 2000 Kilometer hatten wir noch vor uns. In weniger als vier Stunden würden wir Lima erreichen. Und auch dieses Mal hatte Jonas einen eigenen Sitz.

Inzwischen war es auch hier Abend geworden. Mit meinen Kopfhörern hörte ich das Lied „Remember your chains" von Steven Curtis Chapman. Ich saß am Fenster und blickte in die Nacht. In meinem Kopf wurde es still. Endlose Gedankenschleifen der letzten Tage gingen zu

Ende. Wir hatten uns 15 Stunden von der alten Heimat entfernt. Vor uns lag eine neue Welt.

Genau hier verschwamm für einen Moment die Vorstellung mit der Realität. Jetzt konnte ich es fühlen. Vor vielen Monaten hatte ich in einem inneren Bild genau diesen Moment gesehen. Ich saß hinten rechts im Flugzeug, hörte Musik und schaute zum Fenster hinaus. Jetzt war dieser Moment gekommen.

Alles ist ganz anders hier

Um Mitternacht landete unser Flieger in Lima. In Deutschland war es schon sieben Uhr morgens. Wir hatten also die ganze Nacht durchgemacht.

Am Gepäckband versorgte Lena die Kinder. Dabei hatten unsere Kleinen wenig Verständnis dafür, um diese Uhrzeit einen Flughafen durchqueren zu müssen. Den Kinderwagen in der einen Hand, den Gepäckwagen in der anderen, rollten wir langsam in Richtung Ausgang.

Trotz später Stunde holte uns Rober, der Hausvater des Gästehauses, mit einem Taxi am Flughafen ab. Ich hatte ihm zuvor ein Bild von der Menge unseres Gepäcks geschickt. Er wusste, dass wir zu siebt anreisten. Das alles hielt ihn nicht davon ab, mit einem viel zu kleinen Taxi auf uns zu warten. Nach meiner Schätzung müssten wir die

Hälfte des Gepäcks am Flughafen zurücklassen. Nicht so in Peru.

Dank der späten Stunde waren die Straßen frei. Eingepfercht zwischen Koffern chauffierte uns der Fahrer quer durch Lima. Alles war aufregend und neu. Jedes Straßenschild, die Ampeln, die vielen unterschiedlichen Fahrzeuge. Die Häuser im Dämmerlicht der Straßenlaternen. Alles wirkte wie in einem Film. Wir waren in Südamerika angekommen und über Nacht in eine ganz neue Welt eingetaucht. Noch immer fühle ich den Wind in meinem Gesicht und die stickige Luft der Großstadt, wenn ich daran denke.

Übermüdet kamen wir im Gästehaus an. Rober hatte alles vorbereitet. Als ich unser Zimmer sah, war ich verwirrt. Wo sollten die Kinder schlafen? „Ein Zimmer mit fünf Betten reicht doch für sieben Personen.“, meinte Rober.

Wir waren in einer anderen Welt angekommen. Um halb zwei fielen wir todmüde ins Bett. Eine Stunde später schreckte ich aus dem Schlaf hoch. Mein ganzes Bett wackelte. Die Vibrationen wurden heftiger. Das Bett schlug immer kräftiger an die Wand. Ich klammerte mich mit beiden Händen fest an die Matratze, weil ich das Gefühl hatte, aus dem Bett zu fallen. Noch nie in unserem Leben hatten wir ein Erdbeben dieser Stärke miterlebt.

Die nächsten Tage waren von unzähligen Behördengängen geprägt. Der Marathon begann direkt am nächsten Morgen. Noch vor 6:00 Uhr standen wir vor dem Interpol-Eingang. Die Behörde öffnete um acht oder neun. Dank unseres rechtzeitigen Erscheinens und göttlichem Rückenwind waren wir zügig durch. Passfoto, Zahnstatus, Fingerabdrücke und natürlich ein detaillierter Fragebogen. Wieder ging es im Taxi quer durch die Stadt.

Diesmal stoppte der Fahrer an einem großen Kreisverkehr. Inmitten des Rondells befand sich die Einwanderungsbehörde. Sie lag nicht in einem Bürogebäude, sondern mitten in einem runden Parkhaus. Die restlichen Behördengänge erledigten Rober und ich allein. Jeden Tag schlichen wir mit unterschiedlichen Uber Taxen durch die überfüllten Straßen Limas.

Das Gästehaus befindet sich in einer der sicheren Gegenden Limas. Jedes Haus ist hier von hohen Gitterzäunen und Alarmanlagen umgeben. Für uns eine befremdliche Normalität. Selbst die wenigen Spielplätze in der Nachbarschaft werden durch Wachpersonal gesichert. Sie sorgen dafür, dass kein Kind verschwindet. Das ganze Viertel wird 24 Stunden videoüberwacht.

Und dann der Straßenverkehr. Zwar gibt es Ampeln und Verkehrsregeln. Doch scheinen sich die meisten nicht dafür zu interessieren. Eine grüne Fußgängerampel bedeutet nicht automatisch, dass der Fußgänger das Recht hat, die Straße zu überqueren. Ganz zu schweigen von Zebrastreifen.

Eines Nachmittags war ich mit Mila und Jonas im Kinderwagen unterwegs zum Einkaufen. Wir warteten, bis der Verkehrspolizist die Autos angehalten hatte. Alle standen. Wir liefen los. Doch als sich der Polizist zur Seite drehte, fuhr ein SUV blitzschnell los. Ich befand mich in diesem Moment mit dem Kinderwagen bereits auf der Fahrbahn. Um ein Haar hätte er Mila und Jonas auf dem Zebrastreifen überfahren.

In der Nacht vor unserer Weiterreise nach Arequipa weckte mich ein dumpfer Schlag. Die beengte Bettensituation hatte es notwendig gemacht, dass zwei sich ein Bett teilen mussten. Einer links und einer umgekehrt rechts. Elias war aus dem Bett gefallen. Im Halbschlaf lag er weinend auf dem Boden. Ich legte ihn zurück ins Bett. Erst am nächsten Morgen bemerkten wir, dass er sich über dem rechten Auge eine klaffende Platzwunde zugezogen hatte. Für eine Wundversorgung war es jetzt zu spät. Es musste von selbst heilen.

Unsere erste Woche in Peru ging zu Ende. Die Reise ging weiter. Am 22. Januar flogen wir nach Arequipa. In wenigen Tagen sollte dort meine Sprachschule beginnen.

Jesus im Cockpit

Von Lima aus buchte ich über ein Onlineportal den Weiterflug. Alles passte. Wir würden am Vormittag losfliegen und wenig später in Arequipa landen. Doch irgendwie platzte der Deal. Ich war verwundert. Auf unserer Reise bis hierher war alles planmäßig verlaufen. Wir waren mit einer angenehmen Brise Rückenwind unterwegs. Doch diese Stornierung machte mich stutzig. Sollten wir nicht in diesen Flieger einsteigen? Ich hörte auf mein Herz und buchte denselben Flug noch einmal.

Es ging los Richtung Arequipa. Schon vor dem Start hatte uns der Pilot darüber informiert, dass es turbulent werden könnte. Während des gesamten Flugs ruckelte das Flugzeug. Die starke Bewölkung verschleierte den Blick. Es war unmöglich, die wunderschönen Anden von oben zu betrachten. Nach eineinhalb Stunden näherten wir uns dem Ziel. Wackelig brachte der Pilot die Maschine Richtung Boden. Man konnte bereits die abgewrackten Teile alter Flugzeuge neben der Landebahn sehen. Es regnete in Strömen. Dann, wenige Meter vor dem Aufsetzen, heulten die Turbinen auf. Der Pilot zog die Nase des Flugzeugs in den Himmel. Die Maschine dröhnte und katapultierte uns nach oben. Irgendetwas war schiefgelaufen.

Tausend Gedanken schossen mir durch den Kopf. Ich sah die vielen Mitarbeiter auf dem Flughafen in Lima herumstehen. Hatten sie vor dem Abflug ihren Job sorgfältig gemacht? War das Flugzeug für so eine Situation überhaupt ausgelegt? Sofort dachte ich an die missglückte Buchung. Hätten wir einfach nicht in dieser Maschine sitzen sollen? Hatte ich uns jetzt unnötigerweise in Gefahr gebracht? Alle Fragen und Zweifel halfen nichts. Wir waren in diesem Flugzeug gefangen. Runter würden wir sicherlich kommen. Nur wie?

Die Kinder hatten das ungewöhnliche Flugmanöver mitbekommen und wollten wissen, ob alles in Ordnung sei. „Klar", beruhigte ich sie, „das ist ein Standardmanöver, wenn es mit der Landebahn Probleme gibt. Macht euch keine Sorgen." Nur selten in meinem Leben war das, was ich sagte, so weit von dem entfernt, was ich fühlte. Der Pilot meldete sich zu Wort. Ich verstand nichts. Wir fragten bei der Flugbegleiterin nach. Ihre Antwort: „Der Pilot kann die Landebahn nicht sehen." Wie meinte sie das? Warum konnte er die Landebahn nicht sehen? Ich war bei Wind und Wetter, bei Schnee und Regen, ja selbst bei dichtestem Nebel schon sicher in Deutschland gelandet. Für diese Situation hatten die Flugzeuge doch die nötige Technik an Bord. Dachte ich zumindest. Wir würden es noch ein zweites Mal versuchen. Sollte es dieses Mal nicht gelingen, müssten wir einen anderen Flughafen anfliegen oder nach Lima umkehren. Mir dröhnte der Kopf, so stark schlug mein Puls. Jonas war vor wenigen Minuten auf meinem Schoß eingeschlafen. Er hatte von den ganzen Turbulenzen gar nichts mitbekommen und schlummerte friedlich vor sich hin. Wie gerne hätte ich in diesem Moment mit ihm getauscht. Hatte ich eine Fehlentscheidung mit schwerwiegenden Folgen getroffen?

Ich betete: „Jesus, wir brauchen dich jetzt hier." Der Sitz neben mir war frei. Gerne hätte ich ihn direkt neben mir gehabt. Aber der Sitz blieb leer. Doch als ich den Mittelgang nach vorne blickte, öffnete sich vor meinem inneren Auge die Tür zum Cockpit. Links und rechts saßen die beiden Piloten. Ich sah sie von hinten. Und in der Mitte? Dort stand eine männliche Lichtgestalt, die mit den Piloten redete. Er drehte seinen Kopf und lächelte mich an. Mit zwei Fingern zeigte er „Peace“. Im selben Moment löste sich meine Angst in Luft auf. Alles würde gut ausgehen. Mein Puls normalisierte sich. Noch immer schlief Jonas auf meinem Schoß seelenruhig. Entspannt lehnte ich mich zurück.

Nach einer halben Stunde im Rundflug über die Berge setzte der Pilot zum zweiten Landeanflug an. Wieder ging es steil hinunter. Ich blickte gespannt zum Fenster hinaus. Regentropfen tanzten auf der Scheibe. Diesmal war es so neblig, dass man nicht einmal die Wracks sehen konnte. Hatte mich die Hoffnung getäuscht? Im Flugzeug herrschte Totenstille. Bald musste der Boden kommen. Noch ein letzter Schub, dann setzten wir mit einem festen Ruck auf. Quer durchs Flugzeug hallte tosender Applaus. Wir rollten langsam bis zum Gate.

Viele Wochen später trafen wir Familie Marx. Sie leben als Missionare in Arequipa. Wir erzählten von unserem Erlebnis. Sie schmunzelten nur. Jedes Jahr wiederholten sich solche Flugmanöver in der Regenzeit. Mit einem etwas sarkastischen Unterton bemerkten sie, dass die Regenzeit ja auch jedes Jahr aufs Neue überraschend komme.

Jonas und sein Schutzengel

Wir wohnten seit einigen Wochen in Arequipa. Anfang Februar begann für mich die Sprachschule. Diese lag 20 Minuten zu Fuß im nächsten Viertel. An der Hauptstraße empfingen mich jeden Tag ein Hupkonzert und das Geschrei unzähliger Buskontrolleure. Hier in der Stadt gab es keinen Fahrplan für den öffentlichen Nahverkehr. Es gab farbig markierte Routen. Dazu schreiende Kontrolleure, die an der Eingangstür des Busses standen. Während der Fahrer sich auf den Verkehr konzentrierte, kümmerten sie sich um die Fahrgäste. Jede Fahrt kostete einen Sol.

Das letzte Stück ging es quer durch ein wohlhabenderes Viertel. Urbanisationen dieser Art waren umzäunt und hatten Wachpersonal. Februar ist Regenzeit. In diesen Wochen erwischte es mich öfters. In der Regenzeit schüttet es richtig. Oft brauten sich dunkle Wolken am Himmel zusammen, während ich noch in der Schule saß. Nur um sich dann mit voller Wucht zu entleeren, sobald ich mich auf den Heimweg machte.

An meinem vierten Schultag kam ich nachmittags nach Hause. Ich stand vor dem meterhohen Eingangstor. Alles war mit Stacheldraht und Kameras gesichert. Lena öffnete das Tor von oben. An der Wohnungstür empfing mich Lucas mit unvollständigen Sätzen. Ich verstand, dass etwas in der Küche kaputt gegangen und dass Jonas wohl daran beteiligt gewesen war. Als ich in die Küche kam, kniete Lena gerade am Boden und wischte Essensreste auf. Was war hier passiert? Der Schock saß so tief, dass mir niemand so wirklich erzählen konnte, wie das Essen auf den Boden geraten, und was mit Jonas geschehen war.

Jonas war zu diesem Zeitpunkt noch keine zwei Jahre alt. Doch irgendwie wurde der Junge von Woche zu Woche unbändiger und wilder. Alles wollte er selbst machen. Selber essen, selber schöpfen, selber den Tisch decken. Er war ja schon groß. Lena hatte an diesem Tag das Mittagessen gekocht. Die Töpfe köchelten vor sich hin. In Südamerika kocht man typischerweise auf Gasherden. Jonas hatte das Essen gerochen und war in die Küche gegangen. Ob er sich schon einmal das Essen vom Herd holen wollte, oder einfach nur Unfug im Kopf hatte, war nicht mehr festzustellen. Jedenfalls schaffte er es, den Backofen zu öffnen. Er kletterte auf die Scheibe. Doch sein Eigengewicht reichte, um den Gasherd zum Kippen zu bringen. Ein lauter Schlag, und alle standen in der Küche. Dort lag Jonas eingeklemmt unter dem Gasherd in der Luke des Backofens und schrie. Das kochende Essen war über ihn hinweg auf den Küchenboden gefallen. Die Gasflammen brannten noch immer. Lena versuchte, den schweren Herd wieder aufzurichten. Unmöglich. Jonas kauerte noch immer darunter. Erst mit vereinten Kräften konnten sie gemeinsam den kleinen Mann befreien.

In diesem Moment klingelte es an der Tür. Ich war von der Sprachschule nach Hause gekommen und hatte mich bereits auf das Mittagessen gefreut. Als ich die Treppe zu unserem Appartement hinaufging, ahnte ich von all dem noch nichts. Lena war der Schreck ins Gesicht geschrieben, als ich sie am Boden kniend in der Küche vorfand.

Außer einem blauen Fleck blieb der Kleine unverletzt. Wie schnell hätte sich dieser Moment in eine fürchterliche Tragödie verwandeln können. Meine Gedanken gingen an manch einen Notarzteinsatz in Deutschland zurück. In all den Jahren hatte ich mehrere Menschen mit schlimmsten Verbrennungen gesehen und behandelt. Manche davon befanden sich in Lebensgefahr. Gerade für Kleinkinder ist eine derartige Verletzung lebensbedrohlich. Jonas interessierte es wenig. Alles war gut gegangen. Zeit, um das nächste Abenteuer zu erleben.

Erleichtert brachte ich an diesem Abend fünf gesunde Kinder zu Bett. Jonas' Schutzengel hatten hervorragende Arbeit geleistet.

Schwere Taschen

Februar. Die Veränderungen in der Ferne konnte wir im Fernsehen sehen. Ich hatte sogar live mitverfolgt, wie in Wuhan über Nacht zwei Krankenhäuser errichtet wurden. Über die Verlegungen der Covid-19-Patienten hatte ich einen Livestream auf YouTube gesehen. Die Bilder lösten Unbehagen aus. War es möglich, mit einem Abriegeln dieser Stadt eine weltweite Ausbreitung zu verhindern? Ich konnte es nicht so recht glauben. Spätestens als Italien eine landesweite Quarantäne ausrief, dämmerte mir, dass wir nur wenige Tage vor einer globalen Pandemie standen. Meine Recherchen waren ernüchternd. Rechenmodelle sagten voraus, dass am Schluss 70% der Weltbevölkerung mit diesem Virus infiziert sein könnten. Sicher war das Virus bereits in Südamerika angekommen. Wir wussten es nur nicht. Wie die Auswirkungen konkret aussahen, konnten wir in diesem Moment nicht absehen. Doch wenn wir den zeitlichen Vorsprung nicht verspielen wollten, mussten wir jetzt handeln. Die Landsleute hier in der Stadt hatten von all dem noch keine Kenntnis genommen. Wir waren hier, in einem fremden Land, auf uns allein gestellt. Wir erstellten einen Plan.

Lebensmittelreserven für 14 Tage. Drei Mahlzeiten am Tag für sieben Personen. Dazu einen Wasserfilter, um das Leitungswasser zu reinigen. Und natürlich Masken und Seife. Wir richteten einen Notfallkoffer mit Bargeld, wichtigen Unterlagen, Notfallmedikamenten und einem Set Wechselwäsche zusammen.

Der Lockdown kam. Und wir waren vorbereitet. Um die Reserven nicht aufzubrauchen, verstauten wir diese in einem Schrank im Schlafzimmer. So waren die Lebensmittel strikt getrennt. Für den Fall, dass wir Hals über Kopf evakuiert werden würden, stand der Handgepäckskoffer bereit.

Täglich wurden die Maßnahmen verschärft. Ich machte mich einmal am Tag auf den Weg zum Supermarkt, um das einzukaufen, was wir für den heutigen Tag benötigten. Unsere Reserven wollten wir auf keinen Fall anrühren.

Die Menschenschlangen vor den Banken und Einkaufsläden wurden täglich länger. Manchmal standen wir zwei Blocks weit an. Jeder Einkauf war eine Herausforderung. Die Sonne brannte ohne Erbarmen vom Himmel. Mein Genick glühte. Ich schleppte wie ein Packesel fast täglich zwei schwere Einkaufstaschen und einen Rucksack voll Lebensmittel den Berg hoch. Dabei zählte ich jeden Schritt. Nach hundert Schritten gab es im nächsten Schattenplatz einen Stopp. Bis dahin waren meine Finger dann blau. Für einen Kilometer Fußweg bergauf brauchte ich mit den Einkaufstüten mehr als 30 Minuten.

Oft wanderten bei diesen Heimwegen meine Gedanken zurück nach Mosbach. Wie viel hatte ich als selbstverständlich angenommen. Der Luxus hatte sich über die Jahre eingeschlichen und gehörte wie selbstverständlich zu unserem Leben dazu. Zwei Autos standen vor unserem Haus. Der größte Ärger war damals, dass ich mit meinem Auto nicht bis vor die Haustüre fahren konnte. Unser Haus lag hangabwärts. Auf unserer Seite gab es keinen Gehweg, sodass wir immer auf der anderen Straßenseite parken mussten. Ich musste also die schweren Einkaufstaschen vom Auto über die Straße die Treppe bis zum Haus tragen. Eine echte Herausforderung.

Oder noch so ein Luxusproblem. Einkaufen mit einem Kleinwagen. Mein Opel Adam S war ein 3-Türer. Das hatte den Nachteil, dass man die schweren Taschen auf die Rücksitzbank wuchten musste. Und das ging ins Kreuz. Außerdem hinterließen die Taschen Abdrücke auf den Sportsitzen aus Leder. Zudem war der Kofferraum so klein, dass nicht einmal ein Wasserkasten hineinpasste. Also musste ich mit unserem VW Bus Getränke einkaufen. Doch mit diesem passte man nicht in jede Parklücke...

Absurd und nichtig erschienen mir jetzt diese Wohlstandsprobleme. Ich schleppte kiloweise Lebensmittel vom Supermarkt nach Hause, weil es keine Taxen in der Stadt gab. Diese fuhren aufgrund der Ausgangssperre nicht mehr. Blieben nur noch öffentliche Verkehrsmittel als Möglichkeit. Doch die fuhren nicht in unserem Viertel. Mir blieb nichts anderes übrig, als die Einkäufe von Hand nach Hause zu schleppen. Wenn ich eine Schubkarre gehabt hätte, wäre ich damit einkaufen gegangen.

Auf den Heimwegen vom Supermarkt hatte ich also viel Zeit zum Nachdenken. Zeit, um Gott „Danke" zu sagen. Danke für Freunde, Autos, Häuser, Gesundheit, Familie, Lebensmittel. Danke für Frieden. Es war eine Entscheidung. Ich wollte nicht murren über das, was ich jetzt nicht mehr hatte. Vielen Menschen ging es in diesen Tagen deutlich schlechter als uns. Wir hatten eine sichere Wohnung. Jeder hatte ein Bett. Niemand musste hungern. Für mich waren diese Wochen eine Charakterschule. Vieles hatten wir jetzt nicht mehr. Trotzdem hatten wir Frieden.

Gefangen im Lockdown

9. März. Schulanfang. Für vier unserer Kinder gingen die Schule und der Kindergarten in Südamerika los. In den letzten Wochen hatten wir uns mit Homeschooling abgemüht. Wir nutzten die intensive Zeit, um nahe am Herzen und den Gefühlen unserer Kinder zu sein. So konnten wir ihnen helfen, diese außergewöhnliche Zeit der Veränderung positiv zu erleben.

Lena besorgte listenweise Schulmaterial. Trotz Schulgeldes musste alles separat mitgebracht werden. Bastelmaterial, Spielsachen, Druckerpapier. Sonntags stieg die Spannung spürbar. Um gut vorbereitet zu sein, hatten wir vorher gemeinsam die Schule besucht. Jeder wusste, wo er hinmusste. Vom Klassenzimmer bis zur Toilette und natürlich zum Fußballplatz.

Der Montag kam. Ein gemeinsames Gebet. Dann ging es los. Beladen mit allen Schulmaterialien und Hula-Hoop-Reifen für Mila liefen wir die kurze Strecke bis zur Privatschule Champagnat am „Plaza Yanahuara". Dabei hielten wir alles auf Video fest. Eigentlich wollte das Fernsehteam ja mit dabei sein. Bis zuletzt war nicht sicher gewesen, ob die Schule wirklich beginnen würde. Der Regen hatte in Arequipa jede dritte Schule so stark beschädigt, dass ein Unterricht in den Gebäuden undenkbar war. Vor allem staatliche Schulen waren davon betroffen. Champagnat öffnete ganz regulär. Bis auf kleinere Schäden in der Bibliothek hatte die Schule den gewaltigen Wassermassen standgehalten.

Am Tor zum Schulhof verabschiedeten wir uns. Lucas, unser Ältester, ging voraus und die anderen hinterher. Alle in Schuluniform. Eltern dürfen das Schulgelände nicht betreten. Die Lehrer holen ihre Schüler am Eingangstor ab. Es war ein merkwürdiges Gefühl, in einem fremden Land die eigenen Kinder in die Obhut wildfremder Menschen zu geben. Sicherlich würden sie gut aufpassen. Ich war mächtig stolz auf unsere vier. Wäre ich als 4- oder 6-Jähriger in ihrer Situation gewesen, hätte ich mich wahrscheinlich mit Händen und Füßen gewehrt. Doch sie waren groß und selbstbewusst. Und das mit dem Wissen, die Sprache nicht zu verstehen. Lehrer und Mitschüler sprachen nur Spanisch. Unsere Kinder nur Deutsch. Außer Mila. Sie wusste schon, was „vaca" bedeutet. Irgendwo hatte sie das spanische Wort für „Kuh" aufgeschnappt, und war seither der Meinung, dass sie Spanisch verstehen würde. Nach mehr als acht Wochen gemeinsamer Reise von Mosbach über Lima nach Arequipa zeichnete sich so etwas wie Alltag ab. Lena und ich nutzten die Gelegenheit. Wir gingen Kaffeetrinken, bevor meine Sprachschule losging.

Am Nachmittag holten wir die Kinder ab. Auf dem Heimweg gab es viel zu erzählen. Ganz ohne Tränen war der Tag zwar nicht verlaufen. Doch im Großen und Ganzen herrschte freudige Stimmung. Gerade die Jungs waren hellauf begeistert. Endlich gab es Platz zum Toben und Fußballspielen. Der zweite Tag kam, dann der dritte. Alle freuten sich auf die Schule.

Am Nachmittag dieses dritten Schultages erreichte uns eine ernüchternde Nachricht. Ich hatte die weltpolitische Lage lange mitverfolgt und die steigenden Infektionszahlen durch Corona in Peru beobachtet. Wie bereits erwähnt, hatten wir vor Tagen einen Wasserfilter installiert sowie Trinkwasser- und Lebensmittelreserven angelegt. Auch Masken hatte ich vorsichtshalber besorgt. Lena hatte mich ausgelacht. Ich war der Meinung, dass es auch hier bald zu Einschränkungen des öffentlichen Lebens kommen könnte.

Über WhatsApp erhielten wir am späten Abend die Mitteilung. Der Präsident hatte entschieden, ab dem nächsten Tag alle Schulen im Land zu schließen. Mit dieser Maßnahme sollte der Anstieg der Neuinfektionen gestoppt werden. In einem Augenblick war jede Normalisierung unseres Alltages wieder über den Haufen geworfen. Wir machten das Beste daraus. Noch durfte man sich frei auf den Straßen bewegen. Doch schon am Wochenende wurden alle Grenzen geschlossen und der Luftverkehr eingestellt. Die eingeschränkte Freiheit sollte nur noch Stunden anhalten. Ab dem 16. März gab es eine 14-tägige Quarantäne im ganzen Land. Keine Fabrik, kein Laden, kein Friseur, kein Händler, nichts durfte öffnen außer Lebensmittelläden und Apotheken.

An diesem Montagmorgen war ich nervös. Eine derartige Situation hatte ich in meinem Leben noch nie erlebt. Die Einschränkung unserer Lebensfreiheit war über Nacht zur Realität geworden. Die Stadt veränderte sich. Die Straßen waren menschenleer. Zwar hatten die kleinen Lebensmittelläden an den Straßenecken geöffnet. Ware gab es aber nur durch das heruntergelassene Sicherheitsgitter. Niemand traute dem Frieden. Würde es Plünderungen geben oder Ausschreitungen? Überall waren militärische Checkpoints eingerichtet worden. Vor den Banken und den Supermärkten standen Soldaten mit Maschinengewehren. Die Überzahl der Polizisten, Sicherheitsdienste und Soldaten war erschreckend. Ein freies Bewegen war über Nacht undenkbar geworden. Wer aus dem eigenen Stadtviertel wollte, benötigte jetzt einen Passierschein. Jedes Auto wurde angehalten und kontrolliert. Alle touristischen Plätze abgeriegelt. Das öffentliche Leben kam völlig zum Erliegen.

Wir hatten die Vorboten erkannt. Trotzdem hatten wir uns zwei Wochen zuvor entschieden zu bleiben. Egal, was kommen würde, unsere Mission war hier in Peru. Daran gab es keinen Zweifel. Viele Touristen erwischte es eiskalt. Sie hatten mit einer derartigen Entwicklung nicht gerechnet und waren jetzt erst einmal gestrandet. Die nächsten Wochen würden einige von ihnen an den Rand der Verzweiflung treiben. Peru machte ernst und ließ vielerorts auch Touristen nicht mehr heimreisen.

Nur langsam wurde mir das ganze Ausmaß dieser Einschränkungen bewusst. Wir saßen nun in einem 80-Quadratmeter-Appartement in einem Hochhaus fest. Hinter Stacheldraht und Kameraüberwachung. Es schien ein sicherer Ort zu sein. 14 Tage könnten wir schaffen. Nach zehn

Tagen kam die Ernüchterung. Nicht zwei, sondern vier Wochen des totalen Lockdowns. Wir verfolgten regelmäßig die Nachrichten aus Deutschland. Auch dort hatte man zwischenzeitlich einen Lockdown durchgesetzt. Doch das war nicht zu vergleichen. Hier gab es immer mehr Bestimmungen.

Nach wenigen Tagen gab es zusätzlich eine nächtliche Ausgangssperre. Von 18.00 Uhr bis 5.00 Uhr morgens durfte niemand sein Zuhause verlassen. Irgendwann durften nur noch Männer einkaufen, dann nur noch Frauen. Mit jeder Maßnahme stieg die Hysterie im Volk. Vor wenigen Tagen waren die großen Einkaufszentren noch überfüllt. Jetzt waren sie menschenleer. Immer häufiger kam es zu gewalttätigen Auseinandersetzungen und Schießereien. Die Stimmung kippte und wir waren mittendrin. Als Familie schlitterten wir von einer Woche in die Nächste, ohne dass wir etwas an der Situation ändern konnten. Und gleichzeitig brachte uns diese intensive Familienzeit wertvolle Momente, die ich ein Leben lang nicht vergessen werde.

Wir waren hier nicht auf Weltreise unverhofft gestrandet. Wir waren hier, weil Gott uns in dieses Land gerufen hatte. Für uns kamen diese Einschränkungen überraschend. Für Ihn nicht. Er wusste alles. Und nicht erst seit gestern. Wir waren uns sicher, dass dieser Moment Teil Seines Plans mit uns war. Die Umstände waren so, weil Er sie uns zutraute. Wir kannten unser „Warum". Wir wussten, warum wir hier waren. Unsere Berufung war so deutlich und klar, dass sie diesen Momenten standhielt.

Endlich frei

Seit Wochen stand ich mit Klaus-Dieter John in Kontakt. Er hatte eine Sondergenehmigung für die Strecke von Curahuasi nach Lima erhalten. Fast zweitausend Kilometer quer durchs Land durfte er damit fahren. Genehmigt hatte das der Polizeigeneral des Bundesstaates Apurímac. Vielleicht konnte er uns helfen, Arequipa zu verlassen. Am Ostersonntag erhielt ich einen Anruf. Vier Wochen Lockdown lagen da schon hinter uns. Alles war abgeriegelt. Lediglich Lebensmitteltransporter durften noch in die Stadt. Auch der Flughafen wurde nur noch von Militärmaschinen benutzt. Sie hatten Soldaten und technisches Gerät für das Krankenhaus an Bord. Bis zum 1. Mai waren alle Flugverbindungen gestrichen. Und ob der Mai eine Lockerung bringen würde, wusste niemand. Wollten wir die Stadt verlassen, würde dies nur auf dem Landweg gehen. Vor einer solchen Reise hatte ich Respekt. Zwischen Curahuasi und Arequipa liegen 530 Kilometer. Optimistisch gerechnet würden wir 12 oder 13 Stunden benötigen. Das hier waren keine deutschen Autobahnen. Dazu führte der Weg stundenlang über eine Hochebene auf 4000 Metern Höhe. Wäre es doch besser, die Situation anzunehmen, und den Rest hier in unserem Appartement auszusitzen?

Doch irgendwie hatte sich der Wind gedreht, die Stimmung sich merklich verändert. Wir mochten Arequipa und wollten am liebsten bleiben. Doch nicht unter diesen Umständen. Ich betete: „Gott, ich habe das Gefühl, dass wir schneller gehen sollen als ursprünglich geplant. Gib uns Klarheit darüber, was wir tun sollen."

Am 23. März erhielt ich eine Antwort. Meine Schwester hatte Lena morgens eine WhatsApp-Nachricht geschickt. Von all den Fragen und meinem Gebet hatte sie nichts gewusst. Sie hatte die Tageslosung aus Jesaja 43, 18-19 abfotografiert: „Denkt nicht mehr daran, was war, und grübelt nicht mehr über das Vergangene. Seht hin; ich mache etwas Neues; schon keimt es auf. Seht ihr es nicht? Ich bahne einen Weg durch die Wüste und lasse Flüsse in der Einöde entstehen."

Für mich waren diese Zeilen eine unmissverständliche Antwort. Wir machten uns bereit, noch vor Juni nach Curahuasi zu ziehen. Auch den Kindern erzählten wir, dass wir bald umziehen würden. Das Problem war nur, dass wir bisher noch gar keine Sondergenehmigung hatten. Mehr als zwei Wochen vergingen. Wir hatten uns ganz sicher nicht verhört. Es gab keinen Weg hier raus. Außer, Gott würde einen Weg bahnen.

Am 13. April kam der Anruf. Übermorgen geht es los. Die Kinder freuten sich riesig. Lena und ich begannen sofort mit der Planung. Alles zurück in die Koffer. Brote schmieren. Doch was ich nicht wusste: Es gab noch keine Genehmigung für diese Fahrt. Klaus hatte uns in Bewegung gesetzt, in dem festen Glauben, dass es schon irgendwie klappen würde. Und ich war fest davon ausgegangen, dass er die Genehmigung schon längst hatte.

Als wir tags darauf schon fast alles in den Koffern verstaut hatten, rief Klaus erneut an. Mit getrübtem Ton eröffnete er mir, dass er auf der örtlichen Polizeistation keine Genehmigung erhalten hatte. Eine Fahrt in die Provinzhauptstadt Abancay sah er als letzte Chance. Wenn er dort den General der Polizei oder den Gouverneur des Bundesstaates sprechen könnte, gäbe es noch eine kleine Chance. Wenn nicht, würde die Reise in weniger als 20 Stunden platzen. Für diesen Besuch benötigte er allerdings eine eidesstattliche Erklärung, dass wir gesund seien. Und diese Erklärung müsste in 90 Minuten in Abancay ausgedruckt vorliegen.

Ernüchtert legte ich den Hörer auf. Klaus machte sich unterdessen auf den Weg. Wie sollte das funktionieren? Wir hatten hier keinen Drucker. Außerdem musste das Dokument nicht nur mit einer Unterschrift, sondern auch mit dem Fingerabdruck bestätigt werden. Schlussendlich schafften wir es. 90 Minuten später waren die Papiere in Abancay.

Noch war die Tür geöffnet. Auch wenn der Spalt mit jeder Stunde kleiner wurde. Wir vertrauten auf Gott. Er hatte zugesagt, einen Weg für uns zu bahnen. Während Lena die letzten Sachen in den Koffern verstaute, lief ich erneut zum Supermarkt. Klaus rief erneut an. „Benjamin, es sieht gut aus. Die Unterlagen liegen beim Gouverneur. Er muss nur noch zustimmen, dann schicke ich dir die Sondergenehmigung zu." Meine Freude war trotzdem verhalten. Es war schon später Nachmittag und Klaus saß noch immer ohne Genehmigung in Abancay. Allein die Rückfahrt würde eineinhalb Stunden dauern. Dann müssten die Papiere eingescannt und per E-Mail zu uns geschickt werden. Anschließend müssten unsere Freunde diese ausdrucken und mich noch einmal am Supermarkt treffen. Und das alles in weniger als zwei Stunden. Denn ab 18 Uhr herrschte eine landesweite Ausgangssperre.

Noch bevor ich mit dem Einkauf daheim war, erhielt ich die Bestätigung. Der Gouverneur hatte zugestimmt. Ein Rennen gegen die Zeit begann. Klaus würde schnellstmöglich ins Krankenhaus zurückfahren und die Papiere einscannen. Ich wartete nervös. Inzwischen war es 17:00 Uhr. Jede Minute aktualisierte ich mein E-Mail Postfach. Wo blieb die Genehmigung? Um 17:26 Uhr kam endlich die lang ersehnte Nachricht. Ich schickte sie sofort an unsere Freunde weiter. Sie wollten die Papiere drucken und mich erneut am Supermarkt treffen. Doch das ging jetzt nicht mehr. Die Polizei hatte sich hier schon in Stellung gebracht. In einer halben Stunde würde die Ausgangssperre beginnen. Dazu wohnten sie in einem anderen Viertel. Zwischen uns lag ein stark bewachter Checkpoint des Militärs. Wie sollte ich meinen Aufenthalt hier rechtfertigen, wenn sie mich anhalten würden?

Ich schlich mich so unauffällig wie möglich an ihnen vorbei. Ohne Erfolg. Einer der bewaffneten Soldaten forderte mich auf, sofort nach Hause zu gehen. In einer halben Stunde sei Ausgangssperre. Ich nickte zustimmend und setzte meine Reise unverschämt fort. Wir trafen uns in einer Seitenstraße. Ein Ellenbogengruß, ein Kuvert. „Gott befohlen." Wir mussten schnell Abschied nehmen. Die Zeit lief. Ich drehte mich um und rannte nach Hause. Quer durchs Wohngebiet den Berg hinauf. Dabei immer die Maske vor dem Mund. Außer Atem und keuchend klingelte ich daheim. In meiner Hand hielt ich die lang ersehnte Sondergenehmigung. Es war 17:52 Uhr. Unsere Reise konnte beginnen.

Über die Anden

Die Nacht war kurz. Bis spät in den Abend hatten wir die Koffer und Lebensmittelvorräte gepackt. Wir hatten die Genehmigung. Eigentlich konnte nichts mehr schiefgehen. Es fühlte sich an wie ein Abend vor dem Urlaub. Vor Aufregung konnte ich nicht einschlafen. Um 4:30 Uhr war die Nacht vorbei. Ob der zugesagte Bus kommen würde, wussten wir nicht. Die Kinder wollten wir erst wecken, wenn der Bus auch wirklich vor der Tür stand. Bis alles Gepäck im Bus verstaut wäre, hätten sie genügend Zeit, sich fertig zu machen.

5:00 Uhr, dann 5:30 Uhr. Weit und breit kein Bus in Sicht. Ich rief den Fahrer an. „Wir warten auf den Bus, wo sind Sie denn?" Er machte mir klar, dass sie noch bis 7:00 Uhr bräuchten. Auf keinen Fall. Wir hatten eine lange

Reise vor uns und wollten nicht irgendwann nach Mitternacht in Curahuasi ankommen. Inzwischen ging die Sonne auf. Ich tigerte durch die Wohnung. Mit fast einer Stunde Verspätung kam der Bus schließlich doch. Um halb sieben rollten wir Richtung Hauptstraße.

Der Fahrer war nicht überzeugt von unseren Papieren. Auf dem Passierschein und den eidesstattlichen Erklärungen war nur die Erlaubnis vermerkt, in den Bundesstaat Apurímac einzufahren. Wir hatten also mit diesen Dokumenten keine Genehmigung, die Stadt Arequipa zu verlassen. Um eine solche Genehmigung zu beantragen, müssten wir erst noch am Polizeihauptquartier vorbei.

Kurz nach 7:00 Uhr ging es endlich los. Wir machten uns auf die Reise nach Curahuasi. Ich wusste zwar, dass nur wir eine Erlaubnis hatten. Unsere Fahrer nicht. Es war mir aber inzwischen egal. Wir saßen in einem Kleinbus mit 18 Sitzplätzen, der langsam vor sich hin rollte. Irgendwie würde auch das gutgehen.

In den letzten Wochen hatten wir nur den Stadtkern von Arequipa gesehen. Doch hier draußen in den Außenbezirken zeigte sich die Stadt von einer ganz anderen Seite. Je weiter wir in die Peripherie kamen, desto ärmlicher wurde die Gegend. Diese Stadt hatte mehr als das Gesicht, das man schön und aufgeräumt den Touristen präsentierte. Langsam schlängelte sich unser Bus die steile Überlandstraße hinaus.

Arequipa ist umgeben von drei Vulkanen: ChaChani, PichuPichu und Misti. Nach zwei Stunden hatten wir die

Rückseite des Misti erreicht. Hier oben war die Luft schon deutlich dünner. Die Straßen waren frei. Hin und wieder kam uns ein einsamer Lastwagen entgegen, der dann in der Weite dieser unendlichen Landschaft verschwand. Es ging vorbei an freilaufenden Alpakaherden, an Seen und Flüssen. Eine menschenleere Hochebene erstreckte sich für Stunden, soweit das Auge sehen konnte. Manchmal blockierten große Steinschläge die Straße, manchmal kreuzten Vikunjas den Weg. Bezaubernde Natur.

Kaum waren wir über 3000 Meter unterwegs, machten sich Kopfschmerzen bemerkbar. Nach sechs Stunden Fahrt waren wir bereits auf 4300 Meter Höhe angekommen. Es wurde kalt, trotz des strahlenden Sonnenscheins. Wir hatten immer mehr mit der dünnen Höhenluft zu kämpfen.

Wenig später kniete ich auf dem Boden im Mittelgang unseres Busses. Mila hatte sich wegen der vielen Kurven und der dünnen Luft übergeben. „Was machst du hier eigentlich? Du hättest es in Deutschland so schön haben können." Zweifel machten sich breit. Und dann erinnerte mich eine leise Stimme an das, was in Corona-Zeiten so wichtig war. Noch am Boden kniend antwortete ich dem zweifelnden Gedanken: „Auch für dich gilt: eineinhalb Meter Abstand."

Lucas war der Nächste. Irgendwann musste auch er sich übergeben. Hinzu kamen fast stündliche Polizeikontrollen. Mal mussten wir mit Maske aussteigen. Mal wurde unsere Temperatur gemessen. Mal waren die Papiere ausreichend. Jede Kontrolle war willkürlich. Nach acht Stunden erreichten wir endlich Sicuani. Die Kleinstadt liegt auf 3550 Metern Höhe. Wir sollten hier noch eine Ärztin einladen, die in den nächsten Monaten ebenfalls das Team von Diospi Suyana verstärken würde. Wir mussten eine Stunde warten. Vier von uns ging es richtig schlecht. Der Stopp kam also gerade gelegen. Wir wollten den Moment nutzen, um uns von den kurvigen Passstraßen zu erholen.

Unser Bus hielt mitten im Ort. Keine 50 Meter die Böschung hinunter verlief ein kleiner Fluss. Dort wollten wir einen Moment verschnaufen und etwas essen. Unsere Fahrer verließen den Bus, um etwas Essen zu kaufen. Ich fragte nach, ob es in Ordnung sei, wenn wir ebenfalls zum Essen aussteigen würden. „Klar, kein Problem. Hier oben interessiert das niemanden“. Also packten wir die Lebensmitteltasche, zogen unsere Masken an und gingen wenige Meter die Böschung hinunter. Als wir gerade das Essen verteilt hatten, war der erste Polizist schon auf der Brücke und winkte zu uns herüber. Wir sollten sofort das Gelände verlassen. Hastig packten wir unsere Sachen und machten uns auf den Weg zum Bus. Inzwischen standen zehn Polizisten um unseren Bus herum und verhörten die Fahrer. Ein ganzer Mob aufgebrachter Bürger schrie auf uns ein und beschimpfte uns. Frauen hielten Handykameras auf uns, um die Übeltäter zu filmen. Was war los?

Niemanden interessierte es, dass wir mit einer Genehmigung hier unterwegs waren. Wir seien Touristen aus Arequipa. Und die Touristen waren ja bekanntlich für das Einschleppen des Coronavirus nach Peru verantwortlich. Wir kletterten, so schnell wir konnten, die Böschung hinauf und verschanzten uns im Bus. Eine Weiterfahrt wurde untersagt und die Fahrer mussten zum Verhör auf die Wache. Inzwischen war die Arztkollegin eingetroffen, die sich über die Umstände ziemlich ärgerte. Ich war mir nicht sicher, ob sie uns oder ihre hysterischen Mitbürger dafür verantwortlich machte. Einer der Fahrer kam zurück. „Wir sind in großen Schwierigkeiten", sagte er. Das war uns zwischenzeitlich auch klar geworden.

Hier oben gab es bisher noch keine nachgewiesenen Corona-Fälle. Die über 30.000 Einwohner der Kleinstadt hatten fürchterliche Angst vor dem Killervirus. Jeder, der nicht in den Ort gehörte, hatte hier nichts verloren. Kaila kam im Bus zu mir nach hinten. Die Tränen in ihren Augen waren Ausdruck ihrer Angst. Ich schrieb ihr mit meinem Zeigefinger eine stille Botschaft auf den Rücken. „Jesus ist bei uns." Wir hatten uns unfreiwillig in Schwierigkeiten gebracht. Ich betete leise.

Nach einer halben Stunde standen wir immer noch vor dem Kommissariat. Ein Gedanke durchkreuzte meine Verzweiflung. Klaus hatte doch gesagt, dass wir bei Problemen den Polizeigeneral anrufen sollten. Da ich dessen Telefonnummer nicht hatte, rief ich Klaus an. Doch der ging nicht an sein Telefon. Also versuchte ich es bei seiner Frau Martina. „Martina. Wir sind in Schwierigkeiten und ich müsste Klaus bitte sprechen." Glücklicherweise stand er gerade neben ihr. Und dann erzählte ich ihm von unserer misslichen Lage und wie es dazu gekommen war. Ich fragte, ob er die Telefonnummer des Generals zur Hand hätte. „Der General steht gerade neben mir. Moment mal, ich gebe das Handy weiter." Ich hatte den General direkt am Ohr. Dann ging alles ganz schnell. Ich reichte mein Handy unserem Fahrer weiter, und der ging damit in die Polizeistation. Ein kurzes Gespräch unter Polizisten. Nach fünf Minuten waren wir frei. Doch solch einen Befehl mochten diese Dorfpolizisten ganz und gar nicht. Sie versuchten noch mit einer Fahrzeug- und Papierkontrolle, irgendetwas zu finden. Vergebens. Es gab keinen Grund, uns hier festzuhalten.

Wir wollten nur noch weg. Doch unsere Fahrer sahen das anders. Sie feierten den unverhofften Triumph und setzten sich erst einmal vor den Bus, um etwas zu essen. Ich saß wie angewurzelt auf meinem Sitz. In wenigen Minuten hatte sich das Blatt um 180 Grad gewendet. Ich konnte mir nicht erklären, warum der Polizeigeneral genau in dem Moment neben Klaus stand, als wir in Schwierigkeiten waren. Sein Polizeirevier befand sich in der über 60 Kilometer entfernten Provinzstadt Abancay. Ausgerechnet an diesem Nachmittag hatten die beiden sich zum Mittagessen in Curahuasi verabredet. Es war eine göttliche Fügung. Genau wie Er es Tage zuvor zugesagt hatte. Wieder einmal hatte Gott uns den Weg gebahnt. Und dann wurde mir noch etwas klar.

Angekommen

Erst als unsere Fahrer endlich für die Weiterfahrt bereit waren und sich die Bustür schloss, fiel die Anspannung von mir ab. Je weiter wir uns von Sicuani entfernten, desto klarer wurde mir, in welcher Situation wir uns befunden hatten.

Es herrschte eine sichtbare Ungerechtigkeit. Seit Wochen hatten die Polizei und das Militär die Macht auf der Straße übernommen. Welche Restriktionen es auch gab, für viele von ihnen schienen diese Regeln nicht zu gelten. Immer wieder wurden sie in den Medien für ihren Einsatz gelobt. Manche hatten sich bei ihrer Arbeit infiziert. Auch von Todesfällen war die Rede. Ohne Zweifel: Viele machten einen guten Job. Doch einige nutzten ihre Machtposition einfach aus. Sie bewegten sich frei. Nicht selten ohne Maske, zu fünft oder sechst in einem Auto. Andere transportierten ihre Familien in Dienstwägen. Wer die Waffe hat, hat eben die Macht. Auch Politiker nutzten großzügig ihre Sonderrechte. Immer wieder wurde das in sozialen Medien aufgedeckt und verurteilt. Für sie galten scheinbar andere Regeln.

Allmählich wurde es dunkel. Wir näherten uns Cusco. Einige Kinder waren schon eingeschlafen. Ab Cusco sollte es nur noch drei Stunden dauern. Der Blick auf die Uhr verriet, dass wir jetzt wohl doch um Mitternacht ankämen. Nach unserer Erfahrung in Sicuani wagte ich keine Prognose mehr. Cusco lag noch vor uns. Und hier galt, wie überall im Land, ab 18:00 Uhr Ausgangssperre. Die Stadt würde uns menschenleer empfangen. Wir mussten noch an unzähligen Checkpoints vorbei. Keiner wusste, wie es ausgehen würde. Vor unserer Weiterfahrt hatte die Polizei in Sicuani den Bus und die Papiere fotografiert. Diese Fotos schickten sie nach Cusco ans Polizeikommissariat. Ich war mir jetzt nicht mehr sicher, was das bedeuten würde.

Cusco liegt auf über 3300 Metern. Im Stadtgebiet leben eine halbe Million Menschen. Doch in dieser Nacht glich sie einer Geisterstadt. Einzig die gelben Straßenlaternen standen links und rechts am Wegrand. Es wirkte, also würden sie strammstehen, um uns in Empfang zu nehmen. Anders als erwartet, verliefen die vielen Kontrollen in der Stadt mit kleinen Ausnahmen völlig reibungslos. Bald verließen wir Cusco. Diesen Weg kannte ich. Hier war ich vor zwei Jahren in einem Taxi schon einmal gefahren. Damals hatten mich die Menschen hier fasziniert. Jetzt waren sie weggesperrt.

Diese Reise hatte bis hierher bereits so viele Überraschungen bereitgehalten. Ich hatte stundenlang Zeit nachzudenken. Mir kam der Polizeigeneral in den Sinn. Ich war ihm bisher nicht begegnet. Und er hatte mich auch noch nie gesehen. Möglicherweise würde ich ihn nie kennenlernen. Vielleicht würde er für immer eine unbekannte Stimme in meinem Handy bleiben. Und doch hatte er mit seiner Autorität innerhalb kürzester Zeit unsere Situation geändert. Er hatte die höchste polizeiliche Macht im Bundesstaat Apurímac inne. An seiner Autorität kam keiner vorbei. Seine Entscheidungen wurden nicht infrage gestellt. Was er sagte, war Befehl. Niemand wagte es, ihm zu widersprechen. Was auch immer ihn in diese Position gebracht hatte, seine Autorität war unantastbar. Wie gut, dass er uns als Freunde von Klaus-Dieter John mit derartigem Respekt behandelte. Das erste Mal erlebte ich hautnah, was es bedeutete, einen Fürsprecher zu haben. Diese tiefe Wahrheit berührte mein Herz. Es war nicht nur ein Gedanke. Ich konnte diesen Gottmoment fühlen.

Wir hatten uns und die Kinder durch unser eigenes Verhalten in Schwierigkeiten gebracht. Auch wenn wir keine böse Absicht hatten, waren wir doch selbst schuld. Die Ohnmacht und die fehlende Möglichkeit, dass rückgängig zu machen, waren zur neuen Wahrheit geworden. Wir hatten es nicht länger in der Hand. Selbst der Passierschein und unsere gute Absicht für die Reise war in diesem Moment wertlos geworden. Wir waren gefangen und der Willkür der Polizei ausgeliefert.

Doch in diesem hoffnungslosen Augenblick kam ein Gedanke, wie ein Sonnenstrahl, der die Wolken durchbricht. Unverhofft hatten wir die direkte Verbindung zum Polizeigeneral erhalten. Auch wenn wir ihn nicht kannten – er kannte uns. Er hatte die Erlaubnis unterschrieben und stand mit seiner ganzen Autorität dafür ein. Er hatte ein Wort für uns eingelegt und die Situation schlagartig geändert. Ich konnte die Parallele sehen. Eines Tages wäre mein Leben hier zu Ende. Ich würde dann vor Gott stehen und für mein Handeln Verantwortung übernehmen müssen. Wie gut, dass ich nicht allein dastehen würde. Jesus hatte mit dem Kreuz und dem leeren Grab bewiesen, dass ihm alle Autorität gegeben ist. Er ist mein persönlicher Fürsprecher.

Es gibt immer genug

16. Dezember 2019. In wenigen Tagen würden wir uns auf die größte Reise unseres Lebens machen. Nichts durfte mehr schiefgehen. Ich erhielt einen Anruf von meiner Steuerberaterin. „Herr Zeier, ich möchte Sie nur vorwarnen. Unsere Berechnungen ergaben, dass Sie in diesem Jahr 60.000 Euro Steuernachzahlung erwarten." Ich hatte mich wohl verhört. Dass es eine Steuernachzahlung geben würde, war klar. Doch mit dieser Höhe hatte ich nicht gerechnet. „Das können wir am Telefon nicht klären. Kann ich morgen bei Ihnen vorbeikommen? Irgendetwas stimmt da nicht." Ich zitterte innerlich. Im Kopf rechnete ich die einzelnen Kontostände zusammen. Ich hatte einiges für die Steuer zurückgelegt. Doch mit diesem Geld hätte ich nur die Hälfte der Schulden begleichen können.

Draußen war es kalt. Die Straßen waren an manchen Stellen weiß gepudert. Ich lief ratlos durch unseren Ort. Wie sollten wir das alles bezahlen? Selbst wenn ich die Rücklagen und den Erlös aus dem Verkauf der Autos mit einberechnete, wäre es noch immer nicht genug. Ein Gedanke kam hoch. „Das hast du jetzt davon, dass du das Geld gespendet hast." Wir hatten Mitte des Jahres unser Eigenheim mit sechsstelligem Gewinn verkauft und das gesamte Geld gespendet. Nicht einen Euro hatten wir für uns behalten. Und jetzt das.

Am nächsten Mittag war ich überpünktlich bei meiner Steuerberaterin. Sachlich erklärte sie mir ihre Berechnung. Sie hatte nochmal nachgerechnet. In der Tat hatte sich ein kleiner Fehler eingeschlichen. Meine Steuerschuld reduzierte sich um 2000 Euro. Beiläufig brachte ich noch einmal die Zustiftung von 100.000 Euro ins Gespräch. Einen Teil des Gewinnes aus unserem Hausverkauf. Aber auch diese war bereits mit einberechnet worden. Ich saß in der Klemme und es gab keinen Ausweg. Kurz bevor ich gehen wollte, sagte meine Steuerberaterin: „Herr Zeier - eine Sache muss ich nochmal nachschlagen."

2006. Wir waren seit Kurzem verheiratet. Ich steckte noch mitten im Studium und Lena in der Ausbildung. Beides kostete Geld. Geld, das trotz unserer Nebenjobs immer knapp war. Ich bekam 530 Euro BAföG, Lenas 50 Euro. Dabei betrugen die monatlichen Schulgebühren für ihre Ausbildung als Physiotherapeutin 300 Euro und die Kaltmiete 350 Euro. Wenn es eine Sache gibt, die unsere Ehe von der ersten Stunde an auszeichnet, dann ist es Großzügigkeit. Damit meine ich nicht, dass wir verschwenderisch sind, sondern vielmehr unsere Bereitschaft, das, was wir haben, mit anderen zu teilen. Lenas Eltern hatten uns in diesem Sommer mit in den Urlaub genommen. Zu fünft wohnten wir in einer kleinen Ferienwohnung. Im Hausgang links neben der Eingangstür stand ein Stockbett. Das war unser Zimmer. An einem Abend schlenderten Lena und ich zur blauen Stunde am Strand entlang. Eigentlich ein romantischer Moment. Doch ich konnte ihn nicht genießen. Seit Wochen hatte ich Geldsorgen. Es schien, als würde das Minus auf dem Konto immer größer werden.

Lena und ich hatten uns vorgenommen, 10% des Einkommens an unsere Kirchengemeinde zu spenden. Wir gaben und wurden dabei nicht ärmer. Oft erlebten wir wundersame Versorgungen. Doch seit Wochen schien es nicht mehr zu reichen. Schnell hatten wir eine Lösung gefunden. Bei diesem Spaziergang am Strand war uns aufgefallen, dass wir unser Vorhaben nicht umgesetzt hatten. Kein großer Betrag. Vielleicht 60 Euro in der Summe fehlten diesen 10%. Nach dem Urlaub wollten wir es direkt nachholen.

Tage später kamen wir wieder daheim an. In unserer Abwesenheit war der Briefkasten übergelaufen. Ein Brief vom BAföG-Amt war eingetroffen. Ich öffnete ihn hastig, nur um dann festzustellen, dass ich die Post lieber zugelassen hätte. In behördlichem Ton wurden wir dazu aufgefordert, innerhalb der nächsten Tage mehr als 500 Euro zurückzuzahlen. Ein Gefühl der Ohnmacht überrollte mich. Minus auf dem Konto, 60 Euro, die ich spenden wollte, und jetzt noch eine Rückzahlung von mehr als 500 Euro. In der Summe überstieg das ein Monatseinkommen.

Am nächsten Morgen löste ich als Erstes mein Versprechen ein. Trotz Minus auf dem Konto hob ich 60 Euro ab und warf sie in den Opferkasten der Kirchengemeinde. Es schien mir absurd, mit geliehenem Geld „Schulden bei Gott“ zu bezahlen. Dann lief ich zum BAföG-Amt unserer Stadt, um dort noch einmal über den Bescheid zu sprechen. Sachlich erklärte ich unser Anliegen. Ich hatte den Verdacht, dass das Einkommen meiner Schwiegereltern viel zu hoch berechnet worden war. Die Sachbearbeiterin hatte offenbar einen schlechten Tag. Sie war ganz anderer Meinung. „Sie wollen doch nur Ihre Schulden nicht bezahlen.“ Während sie sich über mich echauffierte, wurde sie unverschämt und laut. Mit gesenktem Kopf saß ich ihr gegenüber und schickte ein Stoßgebet zum Himmel. Dann verließ ich schweigend den Raum. Als ich schon im Türrahmen stand, hörte ich die Sachbearbeiterin leise hinter mir sagen: „Moment mal. Da kann etwas nicht stimmen.“ Und dann schickte sie in bestimmtem Ton hinterher: "Machen Sie sich aber keine Hoffnung, das wird nichts ändern." Doch mein Herz sagte mir in diesem Moment etwas anderes. Es wird sich alles ändern. Ich hatte das Gefühl, dass Gott selbst eingegriffen hatte.

Tage später flatterte wieder ein Bescheid vom BAföG-Amt ins Haus. Statt einer Zahlung von 500 Euro ans BAföG-Amt erhielten wir eine Rückzahlung von über 1000 Euro. Das Geld hatte uns monatelang zugestanden, war jedoch aufgrund einer fehlerhaften Berechnung nie an uns ausgezahlt worden. Innerhalb weniger Tage wendete sich das Blatt um 180 Grad. Statt eines Schuldenbergs hatten wir jetzt mehr als genug Geld.

18. August 2020. Seit acht Monaten lebten wir mittlerweile in Peru. Noch immer war das Steuerthema aus dem Vorjahr nicht endgültig abgehakt. Als ich am Morgen meine Bank-App öffnete, gab es eine neue Gutschrift auf unserem Konto. 5732 Euro vom Finanzamt Mosbach. Der Steuerbescheid war neu berechnet worden. Es hatte sich alles geändert.

Eine Waschmaschine von SAMSUNG

Es gibt wenige Dinge, auf die wir als Großfamilie nicht verzichten wollen. Eine Waschmaschine gehört dazu. Die letzte Maschine in Deutschland hatte ich bei einem lokalen Händler neu gekauft. Damals war ich zu geizig für eine Miele und entschied mich für ein Modell der Marke BEKO. Diese tat über Jahre treu ihren Dienst.

Mitte 2019, wenige Monate vor unserer Ausreise, passierte das, was nicht hätte passieren sollen. Die Waschmaschine gab den Geist auf. Das war der denkbar ungünstigste Zeitpunkt. Alle Reparaturversuche scheiterten. Offensichtlich war ein Sensor defekt und verhinderte, dass ein normales Waschprogramm durchgeführt werden konnte. Was tun? Wir benötigten eine Maschine. Jeden Tag fiel tonnenweise schmutzige Wäsche an.

Wir suchten online alle möglichen Angebote durch. Mediamarkt, Ebay Kleinanzeigen, idealo.de. Keine Lösung schien passend zu sein. Zum Glück hatten wir Freunde in der Nachbarschaft, bei denen wir waschen konnten. Doch das war keine Lösung für sechs Monate.

15. Juli 2019. Montagabend nach der Praxis. Statt wie gewohnt zu meinem Notarztstandort zu fahren, fuhr ich genau in die andere Richtung. Eine Patientin hatte mich eingeladen. Sie hatte mein Buch „Entscheidung zum Aufbruch" gelesen und verstanden, dass diese Mission nach Peru nur möglich war, wenn wir Spender aus der Heimat hätten, die uns unterstützten. Sie hatte einen Vortrag organisiert. Ausgehungert fuhr ich in Neckarsulm los. Unterwegs schneite ich noch bei Lenas Schwester vorbei. Beim Abendessen erzählte ich von unserem Waschmaschinen-Problem. „Wir haben doch die Waschmaschine von meinem Bruder im Keller stehen. Die kannst du bestimmt ausleihen." Ein kurzer Anruf genügte. Einen Tag später hatten wir die Maschine von SAMSUNG daheim stehen. Sie passte perfekt. Bis Januar 2020 wuschen wir mit ihr jeden Tag unsere Wäsche.

Neun Monate später. Eine abenteuerliche Fahrt über die Anden lag hinter uns. In über 17 Stunden hatten wir uns durch unzählige Polizeikontrollen geschlagen und waren kurz vor Mitternacht in Curahuasi angekommen. Alle Pläne waren durch die Corona-Krise völlig über den

Haufen geworfen worden. Unser eigentliches Zuhause hier im Ort war noch immer belegt. Wir waren drei Monate zu früh gekommen. Ein nettes Häuschen mitten im Ort sollte zwischenzeitlich als Unterkunft dienen. Eine der ersten Nachrichten war: „Die Waschmaschine hier ist defekt." Den ersten Tag in Curahuasi verbrachte ich also damit, unzählige Male die Maschine zu reinigen und immer wieder neu zu starten. Nach ungefähr 20 Minuten blinkte immer derselbe Fehlercode auf. Ohne Zweifel, die Maschine war defekt.

Der zweite Tag in Curahuasi. Die Wäsche vom Vortag war inzwischen stundenlang eingeweicht und drohte zu modern. Ich packte das triefnasse Zeug in zwei Einkaufstüten und trug sie quer durch den Ort. Einige Straßen weiter wohnten ebenfalls Missionare. Netterweise konnte ich hier die Wäsche wenigstens schleudern.

Die Wäscheberge wurden immer höher. Im Wohnzimmer, vor der Waschmaschine, im Hof. Überall lag Wäsche, die dringend gereinigt werden musste. Lena hatte damit begonnen, die Wäsche von Hand zu waschen. Von diesen Momenten erzählte sie mir später: „Als ich dastand und die Wäsche von Hand gewaschen habe, habe ich mich ernsthaft gefragt, was mache ich hier eigentlich? Wir hätten es in Deutschland so einfach haben können."

Wo sollte ich hier eine neue Maschine kaufen? Seit fünf Wochen war niemand mehr von Curahuasi nach Cusco gekommen. Aufgrund der Straßensperren war es unmöglich geworden, in die drei Stunden entfernte Großstadt zu fahren. Alle Luxusartikel und größeren Elektrogeräte gab es aber nur dort zu kaufen.

Abends erinnerte ich mich an die Aussage eines Missionars. Als ich bei ihm die Wäsche schleuderte, hatte er nebenbei erwähnt, dass er mal an der Panamericana einen Laden gesehen hatte, der Waschmaschinen reparierte. Das konnte ich mir zwar nicht vorstellen. Doch die Verzweiflung war inzwischen so groß, dass ich mich morgens auf den Weg machte. Dieser Laden sollte ungefähr bei den Werkstätten der Automechaniker sein. Ich fragte einen der Mechaniker in gebrochenem Spanisch, ob man hier irgendwo Waschmaschinen kaufen könne. Er verstand, dass ich nach Waschpulver suchte. Mit Händen und Füßen versuchte ich ihm mein Anliegen zu erklären. Als er es endlich verstanden hatte, winkte er mit einem Lachen ab. „So etwas gibt es hier nicht." Dafür müsste ich nach Cusco oder Abancay fahren.

Ich ging weiter bis zum Ortsausgang. Von einem Laden, der Waschmaschinen verkaufte, war weit und breit nichts zu sehen. Bis ich rechts ein Schild sah, auf dem unzählige Markennamen von Elektroherstellern geschrieben standen. Die meisten davon kannte ich nicht. Sollte das der besagte Waschmaschinenladen sein? Das Rolltor war heruntergelassen. Lediglich im Nachbarhof stand ein älterer Herr. Es sah aus, als würde er kleine Pflüge und andere Landmaschinengeräte reparieren. Ich fragte ich auf Spanisch nach: „Können Sie mir sagen, ob es hier einen Laden gibt, in dem man Maschinen zum Reinigen von Kleidung kaufen kann?"

Das Rolltor nebenan öffnete sich mit einem Mal. Dahinter stand ein Mann im blauen Hemd. Seine Werkstatt so klein wie ein Abstellplatz. Überall lag Elektroschrott. Gummidichtungen und Wasserschläuche. Alles kreuz und quer. Eine Maschine habe er. Die sei generalüberholt und groß. Normalerweise würde er diese an Hotels verkaufen. Ich konnte mein Glück kaum fassen. Es war zu schön, um wahr zu sein. Links oben zierte der Name des Herstellers das wertvolle Gerät: SAMSUNG.

Der Preis war nicht günstig, aber in Ordnung. Die Maschine war nicht neu, aber generalüberholt. Es gab keine Herstellergarantie, aber ein Jahr Garantie vom Verkäufer. Dieser Fund glich der berühmten Nadel im Heuhaufen.

Noch am selben Abend klopfte es an unserem Eingangstor. Ein Pick-up mit vier Männern lieferte die Waschmaschine. Skeptisch beobachtete ich den ersten Waschgang. Sie funktionierte! Seit diesem Tag freue ich mich jedes Mal, wenn ich das nervige Gebimmel der Waschmaschine höre. Wieder geht ein erfolgreicher Waschgang zu Ende.

Seit dem Wochenende, an dem ich die Waschmaschine gekauft habe, ist der Laden geschlossen. Heute, eineinhalb Jahre später ist nichts mehr davon übrig. Kein Schild, keine Reparaturen, keine Maschinen.

Über Nacht die Arbeitserlaubnis

Juni 2020. Klaus-Dieter John hatte sich schon seit Wochen um eine Arbeitserlaubnis bemüht. Covid-19 hatte ja bereits unsere Sprachschulzeit durcheinandergebracht. Und jetzt drohte sich auch noch mein Einsatz in der Klinik zu verschieben. Überall im Land platzten die Krankenhäuser aus allen Nähten. Seit Monaten waren die Kapazitätsgrenzen überschritten. Und ich saß daheim.

Juli 2020. Eigentlich hätte ich anfangen sollen zu arbeiten. Doch meine Arbeitserlaubnis war noch immer in weiter Ferne. Seit über 100 Tagen befand sich Peru im Lockdown. Die meisten Behörden hatten geschlossen. Ausgangssperren verhinderten, dass man überhaupt bis aufs Amt kam. Innerlich stellte ich mich darauf ein, bis Ende des Jahres keine Arbeitserlaubnis zu erhalten. Dazu kam, dass ich bei der Sprache deutlich hinterherhinkte. Ich war mir nicht sicher, ob es zur Behandlung der Patienten ausreichte. Oft musste ich an die Flüchtlinge in Deutschland denken.

Am Vorabend des 3. Juli klingelte mein Handy. Klaus-Dieter John war dran. Etwas entnervt sagte er: „Wir haben jetzt endlich eine Lizenz für drei Monate für dich bekommen. Du darfst ab sofort arbeiten." Meine Freude hielt sich in Grenzen. Doch Klaus versicherte mir, dass er die Arbeitserlaubnis schriftlich in seiner Tasche hatte. Es gab also keinen Zweifel mehr. Ich durfte endlich loslegen. Am Montag, den 3. Juli begann ich meine Arbeit als Arzt im

Missionshospital Diospi Suyana. Auch meine Sorgen bezüglich der Sprache lösten sich in Luft auf. Jeder Arzt hat eine Sprechstundenhilfe zur Verfügung. Die meisten von ihnen sprechen Spanisch und fließend Quechua.

Wenn die Nacht zum Tag wird

Der August war gezeichnet vom stärksten Anstieg an Covid-19-Patienten in unserem Krankenhaus. Niemand wusste, was in den nächsten Wochen noch auf uns zukommen würde. Jeden Tag wurden mehr Patienten eingeliefert. Da viele von ihnen wochenlange Therapien benötigten, füllte sich die Isolierstation zusehends. Auch die Intensivstation wurde voller. Mitte der Woche lagen dort bereits drei beatmete Patienten. Dabei hatten wir noch immer keine Zertifizierung als Intensivstation erhalten. Von offizieller Seite wurde die Verweigerung durch mangelnde Ausstattung und Personal begründet. Vier Begehungen waren bisher im Sande verlaufen. In Wirklichkeit ging es um das Ausspielen der eigenen Machtposition. Um das Wohl der Patienten ging es nie.

Diospi Suyana hat landesweit einen guten Ruf. Dieser stellt jedes staatliche Krankenhaus in den Schatten. Das ist vielen Behörden im Gesundheitswesen ein Dorn im Auge. Ohne diese Genehmigung war unsere Arbeit vielleicht illegal. Wir hatten nur den Status einer Überwachungsstation. Dass die Beanstandung unbegründet war, lag auf der Hand. Als Notarzt bin ich berechtigt, in Peru eine Intensivstation zu leiten. Außerdem haben wir Personal mit intensivmedizinischer Ausbildung.

Lediglich ein Paragraf verschaffte unserem Handeln Legalität. Menschen dürfen auf einer Überwachungsstation dann intensivmedizinisch betreut werden, wenn sie aller Voraussicht nach eine Verlegung nicht überleben würden. Dies traf auf die meisten unserer Patienten zu. Obwohl es juristische Unsicherheiten gab, hatten wir keine andere Wahl. Welche Alternative gab es? Patienten vor dem Hospital auf der Straße sterben lassen? Das kam aus moralischer Sicht nicht infrage. Ein echtes Dilemma. Wir entschieden uns zu helfen. Auch mit dem Wissen, dass wir uns dabei selbst zum Angriffspunkt möglicher Anfeindungen machen könnten.

13. August. Bis zu diesem Tag hatten sich Martina und unsere Anästhesistin den Nachtdienst für die Intensivstation geteilt. Immer dann, wenn der diensthabende Kollege nicht weiterkam, konnte der Hintergrunddienst angerufen werden. Dies bedeutete neben fachlichem Rat auch Unterstützung bei Reanimationen oder Intubationen. In dieser Nacht absolvierte ich also meinen ersten Hintergrunddienst für unsere Intensivstation. Um 17:00 Uhr gab es die abendliche Übergabe. Feinsäuberlich hatte ich mir alles über die Patienten aufgeschrieben. Ich hatte keine Ahnung, dass dieses Blatt wenige Minuten später schon wieder eine

großzügige Überarbeitung benötigen würde. Das Telefon klingelte. Notfall. Einer der Patienten hatte einen Herzstillstand erlitten. Wir rannten auf die Intensivstation. Zügiges Umkleiden. Trotz der gebotenen Eile geht der Eigenschutz immer vor. Jedem war bewusst, wie ansteckend und gefährlich diese Erkrankung sein konnte. Wir sahen das Ausmaß hier täglich mit eigenen Augen. Als wir auf der Intensivstation ankamen, pumpte das Beatmungsgerät noch immer Sauerstoff in den Körper. Sein Herz hatte längst aufgehört zu schlagen. Das Pflegepersonal stand erschöpft und mitgenommen daneben. Sie hatten versucht, den Patienten wiederzubeleben. Ohne Erfolg. Ich stoppte das Beatmungsgerät. Links und rechts röchelten noch immer die Maschinen der anderen beiden.

Der Umgang mit verstorbenen Covid-19-Patienten ist in Peru bis ins kleinste Detail festgelegt. Maximal zwei Angehörige dürfen sich mit vollständiger Schutzkleidung noch einmal von ihren Geliebten verabschieden, mit zwei Metern Abstand. Auf keinen Fall darf der Leichnam berührt werden. Wenn die Angehörigen ihre Minuten der Trauer hinter sich haben, wird dieser dann in eine speziell dafür vorgesehene schwarze Tasche mit Reißverschluss gepackt. Tubus, Sonden, Nadeln - alles muss im Körper belassen werden. Auch die gesamte Kleidung des Patienten. Lediglich der Personalausweis, und das desinfizierte Handy wird den Angehörigen übergeben. Anschließend wird die Tasche mit dem Verstorbenen auf eine extra dafür angefertigte Trage umgebettet. Diese wird mit einem hölzernen

Deckel versehen. So wird die Leiche in die abgeschlossene Leichenhalle des Krankenhauses verbracht. Dies alles unter Einhaltung strengster Schutzmaßnahmen.

20:29 Uhr. Erneuter Anruf. Die diensthabende Kollegin meldete sich. Der zweite Patient war in diesen Minuten ebenfalls verstorben. Aufgrund einiger Vorerkrankungen waren die Familie und der Patient sich bereits im Vorfeld darüber einig geworden, dass Wiederbelebungsmaßnahmen nicht infrage kommen würden. Alles, was wir für ihn tun konnten, war, dafür zu sorgen, dass er nicht qualvoll irgendwo auf der Straße erstickte. Er starb in Würde und abgeschirmt mit beruhigenden Medikamenten. Und wieder begann dasselbe Procedere von vorne. Ich legte mich schlafen.

Kurze Zeit später schreckte ich erneut auf. Der Krankenwagen der „Bomberos", also der lokalen Feuerwehr, keuchte den Berg zum Krankenhaus hoch. Minuten vergingen, doch es kam kein Anruf. Offensichtlich war das Team in der Klinik ohne meine Hilfe mit diesem Notfall zurechtgekommen. Ein junger Mann war ohne Helm mit dem Motorrad schwer gestürzt. Er hatte mehrere Hirnblutungen davongetragen. Nicht ansprechbar hatten sie ihn hierher gekarrt. Er brauchte dringend neurochirurgische Hilfe.

23:00 Uhr. Mein Telefon riss mich erneut aus dem Schlaf. Wieder meldete sich meine Kollegin. Im Hintergrund die hektischen Stimmen des Pflegepersonals. Der nächste Herzstillstand. Ich sprang aus dem Bett, warf mich in meine Klamotten und rannte mit der Handytaschenlampe den steilen Hang zur Klinik hinunter. Zwei Minuten später stand ich am Eingang der Klinik.

Ich stürmte quer durchs Gebäude bis zum Vorraum der Intensivstation. Hier lag die vorverpackte Schutzkleidung schon nach Größen sortiert bereit. In diesen Klamotten dauert es keine zwei Minuten, bis man am gesamten Körper zu schwitzen beginnt. Wir kämpften 90 Minuten lang um das Leben des Patienten. Der Zustand des Patienten stabilisierte sich. Wir konnten ihn wiederbeleben. Zwei Stunden später verließ ich die Intensivstation. Er würde es nicht schaffen. Zu schwer waren die dauerhaften Schädigungen seiner Lunge. Er verstarb wenige Tage später an einem Multiorganversagen.

Ein Wachmann fuhr mich nach Hause. Es waren nachdenkliche Minuten. Er erzählte mir von seinem Bruder, der ebenfalls als Risikopatient in Lima lebte. Sie konnten nur beten, dass er von dieser Infektion verschont bliebe. Gegen halb zwei lag ich wieder in meinem Bett. Mein Körper war noch immer voller Adrenalin. Es dauerte eine Stunde, bis mich der Schlaf einholte. Gerade noch rechtzeitig vor dem Läuten des Weckers.

NÄCHSTENLIEBE AUSGENUTZT

An meinen ersten Arbeitstagen war das Krankenhaus im Ausnahmezustand. Das Land war nach einer 100-tägigen Quarantäne in eine tiefe gesundheitliche und ökonomische Krise geschlittert. Reisebeschränkungen verhinderten seit Wochen, dass bedürftige Patienten bis zu unserem Hospital kommen konnten. Einer von vielen Umständen, die das Missionshospital vor Herausforderungen stellte. Die staatlichen Krankenhäuser hatten die Behandlung von ziemlich jedem „normalen" Patienten eingestellt. Lediglich Covid-19-Patienten wurden hier aufgenommen und behandelt. Dies bedeutete, dass seit Monaten keine lebensnotwendigen Eingriffe mehr durchgeführt wurden. Wer eine akute Blinddarmentzündung hatte, verstarb. Wer einen Unfall mit inneren Verletzungen hatte, war danach tot. Wer einen Tumor hatte, konnte seinen Metastasen beim Wachsen zuschauen. Wer eine Operation der Prostata benötigte, hatte Pech. Wir sahen in dieser Zeit die schwersten Krankheiten. Wann immer wir helfen konnten, taten wir es. Doch auch ein Missionshospital unserer Größe kommt irgendwann an sein Limit. Nicht alle Fachrichtungen sind während des kompletten Jahres pausenlos besetzt. Viele Missionare konnten wochenlang nicht mehr nach Peru einreisen, weil es keine Flugverbindungen gab.

Eines Morgens stand eine Frau Mitte 40 vor dem Hospital. Unser Ultraschallexperte demonstrierte in der Frühbesprechung am Folgetag ihre Bilder. Vermutlich durch ein

Trauma im Bereich des Brustkorbes hatte sie eine Verletzung an einem Teil der Herzklappe davongetragen. Der Muskel, an dem diese normalerweise befestigt ist, war abgerissen. Sie benötigte dringend einen Herzchirurgen. Den gab es in Lima, doch er operierte nicht. Er behandelte wie alle Ärzte ausschließlich Covid-19-Patienten. Sie würde es nicht überleben.

Eine weitere Patientin. Maria kam aus Abancay und fuhr morgens um kurz nach vier los, um rechtzeitig am Missionshospital zu sein. Immer um 6:00 Uhr werden die Behandlungstickets verlost. Viele Patienten gehen leer aus. Insgesamt stand Maria dreimal morgens in der Schlange, bis sie endlich das Eintrittsticket für die Urologie ergattert hatte. Sie musste operiert werden. Mit etwas mehr als 20 Jahren hatte Maria schon einiges über sich ergehen lassen müssen. Mit Verdacht auf eine Blinddarmentzündung war sie ins staatliche Krankenhaus eingeliefert worden. Der Chirurg nahm sich der Patientin an. Er hätte es besser sein lassen. Ganz offensichtlich hatte er sie „offen" und nicht mit Schlüssellochtechnik operiert. Eine hässliche Narbe zierte den Unterbauch. Doch irgendetwas ging schief. Er hatte bei der Operation den Harnleiter rechts durchtrennt. Jetzt hatte sie eine ganze Landkarte an Narben auf ihrem Körper.

Genauso unübersichtlich wie die Narben war ihre Geschichte. Seit der Operation sei einige Zeit vergangen. In der Folge habe sie einen Nierenstein von ungefähr 20 mm entwickelt, der dann in den Harnleiter gerutscht sei. Deshalb habe sie eine Harnleiterschiene. Diese sorgt wie ein Strohhalm dafür, dass der Urin an dem Stein vorbeifließen kann. Meine Ultraschalluntersuchung ließ mich an dieser Aussage zweifeln. Hatte sie diese Schiene vielleicht aufgrund von Narbenbildung nach einer Harnleiterverletzung benötigt? Glaubhaft war jedoch, dass diese wieder gewechselt werden musste. Die bisherigen Wechsel waren durch einen Urologen in Abancay durchgeführt worden. Dass es im Moment schwierig war, Termine in staatlichen Krankenhäusern zu bekommen, war ebenfalls nachvollziehbar.

Wir vereinbarten einen Termin zur Harnleiterspiegelung und zum Wechsel der Harnleiterschiene. Sollte es einen Stein von 20 mm im Harnleiter geben, konnte dieser nicht ohne Weiteres entfernt werden. Die Patientin unterschrieb alle Papiere und zahlte einen Teil der Operation bereits an. Die Sprechstunde kostet lediglich vier Soles. Bei operativen Eingriffen müssen die Patienten für die anfallenden Kosten aufkommen. Diese sind gering, da die meisten Ärzte ehrenamtlich arbeiten. Mittellosen Kranken werden über einen Hilfsfonds der Klinik geholfen. Im Schnitt zahlen Patienten 30% der Behandlung.

Seit März 2020 gibt es vor dem Eingang unseres Hospitals eine Kontrolle aller Patienten. Temperatur, Puls, Sättigung, Atemfrequenz und eine kurze Anamnese. Es wird geprüft, ob die Person aus einem Risikogebiet kommt oder vielleicht sogar Covid-19-Symptome hat. Auf diese Weise werden jede Woche Infizierte entdeckt, die dann zum

Schutz des Personals nicht hineindürfen. Ausgenommen Notfälle.

Oftmals wussten Patienten nichts von ihrer Infektion. Viele spürten keine Symptome. Sie fielen dann aus allen Wolken, weil sie sich mit dem Virus infiziert hatten. Meistens reichte eine medikamentöse Behandlung daheim. Die wenigsten mussten stationär behandelt werden. Maria stellte sich einige Tage später zur stationären Aufnahme erneut vor. Diese findet immer einen Tag vor der Operation statt. Das ist nötig, weil die Patienten zur Operation nüchtern sein müssen. Doch der Verzicht auf das Frühstück vor der Operation wird oft nicht ernst genommen.

Die Kontrolle vor der Klinik ergab keine großen Besonderheiten. Lediglich ihre Herzfrequenz war etwas erhöht. Martina, die an diesem Tag für die Kontrollen verantwortlich war, wurde hinzugezogen. Auf Nachfrage erklärte die Patientin, dass sie nur aufgeregt sei. Sie habe schon so viele Operationen über sich ergehen lassen müssen und sei jetzt einfach nervös. Beim Blick in ihre Krankenakte leuchtete dies ein. Trotzdem: Wir hatten in den vergangenen Tagen immer mehr Covid-19-Patienten gesehen. Das Personal musste geschützt werden. Und so wurde auch sie vor der Klinik getestet.

Es dauerte keine 30 Sekunden, und alle drei Testbänder leuchteten auf. Der Kontrollstreifen zeigte, dass die Probe valide war. Die Streifen für IgG und IgM bestätigten, dass sie infiziert war. Was für ein Schock. Überall in Peru herrschte eine regelrechte Hysterie. Menschen liefen mit

Maske und Faceschild auf der Straße herum. Wer konnte, kleidete sich in Ganzkörpergummianzüge. Das alles war Ausdruck des mangelnden Vertrauens in das hiesige Gesundheitssystem.

Martina John teilte meiner urologischen Patientin mit, dass sie aufgrund ihrer Covid-19-Infektion jetzt nicht operiert werden könne. Überraschenderweise nahm die junge Frau diese Information völlig entspannt entgegen und verabschiedete sich. Zweifel machten sich breit. Ich erinnerte mich an das Aufnahmegespräch mit ihr. Viele ihrer Äußerungen waren wirr und nicht stimmig gewesen. Ich war mir sicher, dass sie nicht die Wahrheit gesagt hatte. Ihre Geschichten, verbunden mit der regungslosen Aufnahme der Information, brachten mich zu dem Schluss, dass sie von ihrer Infektion gewusst haben musste. Möglicherweise hatte sie wegen eines positiven Schnelltests in der urologischen Abteilung in Abancay ihren planmäßigen Harnleiterschienenwechsel nicht erhalten. Sie hatte gar keinen Stein. Sie brauchte eine Therapie aufgrund der Narbenbildung. Maria hatte mit Absicht die Unwahrheit gesagt. Das unterstellte ich ihr. Sie hatte darauf gehofft, dass ihre Infektion bei uns nicht auffallen würde. Mich ärgerte das. Ich fühlte mich hinters Licht geführt. Wir halfen ihr trotzdem. Mit einem zeitlichen Sicherheitsabstand von vier Wochen operierte ich sie schlussendlich doch und behob ihr Problem.

Die rote Brücke

In der Nacht zum 1. August verstarb Abraham auf unserer Isolationsstation. Er hatte tagelang mit dem Tod gerungen. Sein Immunsystem hatte aufgrund einer Covid-19-Infektion völlig überreagiert. Das Röntgenbild des Brustkorbes offenbarte das ganze Ausmaß. Normalerweise zeigt sich eine Lunge auf einem Röntgenbild schwarz. Das Bild wird dann von Lungengefäßen und den Rippen mit weißen Zeichnungen durchzogen. Sein Bild hingegen war komplett weiß. Alles deutete auf eine lebensbedrohliche Entzündung hin. Es war kein Wunder, dass er sich in den letzten Tagen so schlecht gefühlt hatte. Während er versuchte, mit einer immer höheren Atemfrequenz gegen das Ersticken anzukämpfen, war schon längst entschieden, dass er diesen Kampf verlieren würde. Er verstarb. Da es im Juli für einen Monat keine Quarantäne gab, war es ihm möglich gewesen, aus der Großstadt Cusco ins Hinterland zu reisen. Doch mit dem 1. August waren diese Freiheiten wieder aufgehoben worden. An der Grenze zu unserem Bundesstaat hatte die Polizei erneut einen Posten eingerichtet. Dort, wo der Fluss Apurímac den gleichnamigen Bundesstaat von Cusco trennt. An der roten Brücke. Diese Engstelle konnte niemand passieren, ohne an den Gesetzeshütern vorbeizukommen. Und sie bemerkten alles. Die Grenzen wurden erneut geschlossen.

Nach seinem Tod wurde auch Abraham in eine schwarze Tüte verpackt. Der Leichnam kam in einen Sarg, der anschließend vernagelt wurde. Keiner durfte den Toten mehr sehen. So sah es das peruanische Gesetz vor. Zudem musste er noch am selben Tag beerdigt werden. Dazu war extra ein professionelles Bestattungsinstitut aus Cusco angereist. Die Familie hatte dies alles organisiert, um den Leichnam in seiner Heimat zu beerdigen.

Es dauerte nicht lange, und es gab einen Aufschrei, der bis nach Curahuasi zu hören war. Unter keinen Umständen durfte dieser Leichnam über die Grenze transportiert werden. Es galt seit dem Morgen eine erneute Quarantäne im Bundesstaat. Entrüstung machte sich unter den Polizisten breit. Empört rief der zuständige Leiter bei Martina John an und ließ seinem Unmut freien Lauf. Nur wenige Tage später folgte die schriftliche Verwarnung des Staatsanwaltes. Dort war dieses Vergehen gemeldet und mit sofortiger Wirkung geahndet worden. Der Transport eines luftdicht verpackten Leichnams konnte auf keinen Fall geduldet werden. Es bestand die Gefahr, dass sich das Virus im ganzen Bundesstaat ausbreiten könnte. Noch einmal dürfte so etwas nicht passieren. Wer sich nach einer schriftlichen Verwarnung nicht an die Forderungen des Staatsanwaltes hielt, musste mit schwerwiegenden Konsequenzen rechnen.

An jenem Samstagmorgen hatte ich mich früh mit zwei anderen Missionaren von Diospi Suyana auf den Weg gemacht. Wir hatten noch einige Sachen zu kaufen und fuhren deshalb nach Cusco. Kurz nach halb sechs Uhr morgens passierten wir die Brücke. Weder auf unserer Seite noch auf der Seite des Bundesstaates Cusco war ein Polizist zu sehen. Die Hüter unserer Grenze hatten offensichtlich ihren Einsatz verschlafen. Trotz der angekündigten Verschärfung an der Grenze kamen wir überall durch. Abends fuhren wir wieder nach Hause.

Die zweieinhalbstündige Autofahrt entpuppte sich wieder mal als ein einmaliges Naturschauspiel. Die atemberaubende Weite der Hochebene im Distrikt Ancahuasi auf über 3400 Meter. Und dann der unvergleichbare Blick auf den schneebedeckten Salcantay. Der Berg erhebt sich mit 6271 Metern weit über alle anderen Bergspitzen. Majestätisch leuchtet er im Rot der abendlichen Sonne, während die übrigen Gipfel bereits im Grau des Abends eingetaucht sind.

Gegen 17:00 Uhr erreichten wir erneut die rote Brücke. Diesmal wurden wir von der Polizei angehalten. Wir mussten eine eidesstattliche Versicherung am Polizeiposten abgeben. „Würden sie hier an der Brücke Covid-19-Patienten aus Cusco vorbeilassen?“ „Auf keinen Fall.“, erwiderte der Polizist.

Es dauerte keinen Tag, da kamen erneut Covid-19-Patienten in unserem Krankenhaus an. Viele von ihnen litten unter schwerem Sauerstoffmangel und benötigten umgehend Hilfe. Einige schwebten beim Eintreffen in Lebensgefahr. Die meisten kamen aber nicht aus unserem Bundesstaat. Sie hatten eine dreistündige Anreise aus Cusco hinter sich. Alle hatten die rote Brücke passiert. Wie konnte das sein? Die Polizei hatte alles abgeriegelt. Und wegen des luftdicht verpackten Leichnams war es doch vor wenigen Tagen noch zum Eklat gekommen. Wie konnte ein Polizist übersehen, dass der Mitfahrer ganz offensichtlich schwer krank war? Die meisten kamen mit Sauerstoffmaske auf der Nase. Die Atemnot stand ihnen ins Gesicht geschrieben. Und auch die Sauerstoffflasche auf dem Beifahrersitz machte deutlich, dass hier ein Covid-19-Patient fast erstickte.

Waren die Polizisten alle Gutmenschen und ließen ihre Landsleute in Lebensgefahr passieren? Waren sie die eigentlichen Samariter, die bemerkten, wie schlecht es dem Beifahrer ging? Weit gefehlt. All diese Patienten waren Ausdruck der hier im Land herrschenden Korruption. Diese durchseucht alle Instanzen, vom Kindergarten bis zur Bundesregierung. Von Angehörigen erhielten wir immer wieder dieselbe Antwort. Eine Überfahrt über die rote Brücke in unseren Bundesstaat kostete als Covid-19-Erkrankter 20 Soles. Umgerechnet 5 Euro.

Und plötzlich ganz allein

In meiner ersten Arbeitswoche hatte ich freitags die erste Operation. Ein merkwürdiges Gefühl. Bisher hatte ich immer in Kliniken operiert, in denen es mehrere urologische Kollegen, den Oberarzt und zur Not den Chefarzt gab.

Irgendjemand war immer erreichbar. Hier stand ich plötzlich allein am Tisch. Obwohl es nur ein kleiner Eingriff war, nahm ich mir am Abend vor der OP noch einmal ein Lehrbuch zur Hand. Dies hatte ich in den ersten Monaten von meinem leider viel zu früh verstorbenen Oberarzt gelernt. Bei jeder Operation bestand er darauf, dass ich jeden Schritt vorher auswendig lernte. Eine Strategie, die ich bis heute beibehalten habe. Alles verlief nach Plan.

Nur zwölf Tage später begann ich mit transurethralen Resektionen. Diese Operationen über die Harnröhre gehören zu den häufigsten in der Urologie. Wieder war mir mulmig zumute, als ich völlig allein mit der Operation begann. Sollte irgendetwas schiefgehen, würde es keinen Chef geben, den ich jederzeit anrufen konnte. Ich war hier ganz auf mich allein gestellt. Natürlich gab es andere chirurgische Kollegen, doch die hatten von Urologie so wenig Ahnung wie ich von ihrem Fachgebiet. Ich hatte diese Operation in den letzten zehn Jahren hunderte Male durchgeführt und trotzdem hatte ich einen hohen Puls und war bis unter die OP-Haube aufgeregt. Was würde ich tun, wenn eines der Geräte den Geist aufgibt? Was, wenn mich das OP-Personal nicht verstehen würde? Langsam und behutsam tastete ich mich Schnitt für Schnitt vorwärts.

Ich fühlte mich wie bei meiner allerersten Operation. Mein damaliger Chef hatte geduldig hinter mir gesessen und mir Schritt für Schritt den Weg durch die Operation gezeigt. Seine Worte hallten jetzt in meinem Kopf wider. So, als würde er noch einmal hinter mir sitzen. Erst die

Harnleitermündungen anschauen, dann die Resektion bei 6.00 Uhr Steinschnittlage. Sofortige Blutstillung, damit die Übersicht klar bleibt. Lange Schnitte mit der Elektroschlinge, die sich überlappten. Und immer unter Sicht abschneiden. Zum Schluss die üblichen kurzen Klemmschnitte. Fertig. Auch diesmal verlief alles nach Plan.

Nach zwei Wochen hatte ich Mut gefasst und das Operationsspektrum erweitert. Der Schwierigkeitsgrad erhöhte sich. In der zweiten Augustwoche standen erneut mehrere Patienten für die Prostataresektion auf dem OP-Plan. Ein Eingriff, der nach nur wenigen Tagen wieder zur Routine geworden war. Auch dieses Mal resezierte ich Span für Span. Aber irgendwie war es anders als sonst. Es gefiel mir nicht. Die Übersicht wurde immer schlechter und es blutete jetzt aus allen Ecken. Mein Versuch, diese zu stoppen, scheiterte.

Beim Operieren der Prostata über die Harnröhre schaut der Urologe über eine Kamera bis in die Blase. Vor der Optik befindet sich ein U-förmiger dünner Metalldraht, der über elektrischen Strom zum Glühen gebracht wird. Das An- und Ausschalten wird über ein Fußpedal gesteuert. Zieht man den glühenden Draht näher an die Optik heran, hobelt man dabei einen Span von der Prostata ab. Diese Späne werden dann über einen Flüssigkeitsstrom durch dasselbe Gerät aus der Blase gespült. Da die Technik an die Arbeit eines Schreiners erinnert, spricht man hierbei auch vom „Hobeln der Prostata".

Immer wieder machte der Stromgenerator seltsame Geräusche. Er ist notwendig, um die Schlinge zum Glühen zu bringen. Das Gerät durfte jetzt nicht kaputt gehen. Doch das tat es wenige Minuten später. Ich trat auf das Fußpedal, als wäre es die Bremse meines Autos. Doch es tat sich nichts. Die Schlinge glühte nicht mehr. Dafür gab der Generator jedes Mal ein nerviges Warnsignal von sich.

Die Operation war in vollem Gange und zu allem Überfluss blutete der Patient aus jedem Loch. Wenn ich nicht zügig eine Lösung finden würde, hätte ich hier bald ein ganz anderes Problem. Wir tauschten die Kabel aus, schalteten das Gerät an und aus. Nichts half. Meine Bitte, mir das Ersatzgerät zu bringen, verhallte in der Weite des OP-Saals. „Wir haben hier nur das eine.“, hieß es. Das stimmte nicht. Denn unser Krankenhaus ist sehr gut ausgestattet. Und auch auf solche Fälle vorbereitet. Ich wusste das. Später sollte sich herausstellen, dass ich recht hatte. Ob das OP-Personal es wirklich nicht wusste oder es schlicht aus Bequemlichkeit nicht holen wollten, weiß ich nicht. Ich beschloss kurzerhand, die Operation abzubrechen. Ich legte einen Katheter ein. Dieser sollte die blutenden Stellen zudrücken und verhindern, dass der Patient verblutete. Gleichzeitig sorgte eine Spülung über denselben Katheter dafür, dass die Blase gereinigt wurde. Minutenlang versuchte ich, der Situation Herr zu werden. Doch es blutete unaufhörlich weiter. Noch einmal stecken wir unsere Köpfe zusammen. Was hatten wir bereits getauscht? Was noch nicht? Als letzten Versuch tauschten wir die elektrische

Schlinge. Daran konnte es zwar nicht liegen, aber Versuch macht klug.

Zu meiner Überraschung funktionierte es. In Windeseile zog ich den Katheter wieder und führte die Operation fort. Minutenlang verödete ich alle Blutgefäße, bis auch die letzte Blutung stand. Nassgeschwitzt legte ich erneut einen Spülkatheter ein. Diesmal war der Urin glasklar. Ich hatte die Blutung in letzter Sekunde stoppen können.

Warum mich diese Schlinge um ein Haar in noch größere Schwierigkeiten gebracht hatte, konnte sich niemand erklären. Ich zog meinen sterilen Kittel aus und druckte meinen OP-Bericht. Als ich gerade über den Gang zum Drucker lief, kam mir der Klinikdirektor entgegen. Im Schlepptau hatte er den neuen Chef der Gesundheitsbehörde unseres Bundesstaates. Eine ganze Delegation hatten dem Krankenhaus einen Besuch abgestattet. Klaus zeigte ihnen all die Errungenschaften und Operationssäle, in denen auf höchstem Niveau operiert wurde. Um ein Haar wären sie mitten in das größte Chaos gestolpert. Keine 15 Minuten zuvor schien alles aus dem Ruder zu laufen. Ein unglaubliches Timing.

Covid-19 gibt es nicht

Mitte August. Seit Wochen gab es jeden Morgen dieselben Bilder in der Frühbesprechung: Lungenaufnahmen mit weißen Flecken. Je mehr weiß, desto schlechter stand es um den Patienten. Einige hatten dazu noch nicht einmal Vorerkrankungen.

2017 ereignete sich ein folgenschwerer Verkehrsunfall in Curahuasi. Ein 78-jähriger Mann aus der Großfamilie C. verursachte betrunken einen Unfall. Im Gegenfahrzeug hatte auf der Rücksitzbank ein junger Mann geschlafen. Seine Verletzungen waren so schwer, dass er trotz tagelanger intensivmedizinischer und operativer Versorgung verstarb. In der Folge hatte Familie C. Daten gefälscht und Protokolle geändert, sodass es nie zu einer Anklage des Täters kam. Diese Familie hatte in allen wichtigen Positionen im Ort Freunde und Verwandte. Dafür löste dieser Tod eine Welle von Verleumdungen gegen Diospi Suyana aus. Lautstark wurde vor dem Krankenhaus demonstriert. „Gringos raus, keine weiteren Morde." Das Absurde daran war, dass viele der Mitläufer tagtäglich vom Krankenhaus profitierten. Die Anführer der Proteste hatten sogar ihre Kinder auf der Diospi-Suyana-Schule. Bis heute, Ende 2021, ist das Gerichtsverfahren gegen Mitarbeiter von Diospi Suyana noch immer nicht endgültig eingestellt.

August 2020. Jene Familie bekam plötzlich Schwierigkeiten. Drei Brüder der Familie C. erkrankten schwer an Covid-19. Die Symptome wurden täglich schlimmer. Ohne

Sauerstofftherapie würden sie bald ersticken. Einer von ihnen bekam ein Intensivbett in der Bundeshauptstadt. Die anderen beiden nicht. Selbst die besten Beziehungen halfen jetzt nicht mehr. Keuchend standen sie vor unserem Hospital. Beide Brüder waren vorher gesund und im besten Alter. Sie standen mitten im Leben. Der Ältere war gerade einmal 40 Jahre alt. In solchen Momenten zeigt sich, was Jesus meinte, als er sagte: „Liebt eure Feinde."

Wir nahmen sie stationär auf. Schnell wurden sie sauerstoffpflichtig. Beide benötigten über Tage eine Beatmung mit Maske. Unsere Sauerstoffgeneratoren, die jetzt im Dauerbetrieb liefen, produzieren pro Minute 200 Liter Sauerstoff. Allein die beiden benötigten 30 Liter Sauerstoff pro Minute. Während der jüngere Bruder nach wenigen Tagen eine deutliche Besserung zeigte, verschlechterte sich der Zustand des Älteren. Bis zum 25. August. Martina John und unsere Anästhesistin erschienen nicht zur Frühbesprechung. Alexander musste auf die Intensivstation verlegt werden, um dort beatmet zu werden.

Einige Tage zuvor hatte ich den letzten Patienten auf die Intensivstation verlegt. Der Weg von der Isolierstation zur Intensivstation beträgt nur wenige Meter. Wir hatten den Anfang 50-jährigen Mann mit Maskenbeatmung und im Stechschritt transportiert. Trotz Bauchlage war er in einem derart schlechten Zustand, dass eine Intubation und Beatmung unausweichlich waren. Ich hatte neben seinem Bett gestanden und über Minuten zugesehen, wie er verzweifelt um Luft rang, während wir versuchten, ihn zu stabilisieren.

Seine Atemfrequenz war so schnell, dass er jede Sekunde einen Atemzug machte. Trotz Maske und 100% Sauerstoff war seine Sättigung im Blut immer mehr gesunken. Da die Anästhesistin gleichzeitig eine Notfalloperation zu betreuen hatte, war ich gebeten worden, den Patienten zu intubieren. Als Notarzt wusste ich, wie das funktionierte. Eine Schnelleinleitung der Narkose und zügige Intubation. Dann wurde es ruhig. Nur der Alarm der Messgeräte störte die gleichmäßige Ruhe. Aus dem überschnellen Röcheln war ein gleichmäßiges Zischen des Beatmungsgerätes geworden. Als ich später die Intensivstation verließ, musste ich an all die Corona-Leugner decken. „Corona gibt es nicht, alles nur eine Lüge." Er verstarb noch am selben Tag. Sein Röntgenbild zeigte eine komplett weiße Lunge. Eine Entzündung, die mit dem Leben so nicht mehr zu vereinbaren war. Wieder hatten wir einen Menschen verloren.

Auch Alexanders Zustand verschlechterte sich weiter. Obwohl er seit mehr als einem Tag beatmet wurde, zeigte seine Sättigung keine Besserung. Im Gegenteil. Trotz hohem Druck, 100% Sauerstoff und einer hohen Beatmungsfrequenz war die Sauerstoffsättigung im Blut unzureichend.

26. August. Traurig ging ich um die Mittagszeit zum Essen nach Hause. Die Einschläge kamen immer näher. Alexander, der jetzt beatmet auf der Intensivstation lag, war gerade einmal drei Jahre älter als ich. Wer würde der Nächste sein?

Noch außer Atem vom Aufstieg ging ich in die Küche, wo Lena gerade das Essen zubereitete. Traurig sagte ich zu ihr: „Lena, heute werden wir eine 40-jährigen Mann verlieren. Er liegt beatmet auf der Intensivstation." Für einen Moment war es still. Dann antwortete Lena in ruhigem, aber bestimmtem Ton: „Er wird der Erste sein, der die Intensivstation lebend verlässt."

Diese Worte rissen mich aus meiner lähmenden Resignation. Es fühlte sich an, als würde man einer vertrockneten Pflanze einen Guss kaltes Wasser verpassen. Diese Worte hatten eine unglaubliche Macht und lösten in mir eine Überzeugung aus, die über das hinausging, was medizinisch möglich war. Für mich gab es keinen Zweifel mehr. Alexander wird leben, er wird überleben. Wenige Minuten später erschien eine Nachricht auf meinem Handy. Meine Kollegin hatte auf der Intensivstation ein EGK geschrieben und dies mit uns Ärzten geteilt. Analytisch schaute ich mir die Linien an. Irgendetwas stimmte nicht. Was war mit seinem Herzen los? Mir wurde schlagartig klar, dass alles auf eine Lungenembolie hindeutete. Ich rief sofort auf der Intensivstation an, um Martina meinen Verdacht mitzuteilen. Meine Vermutung bestätigte sich augenblicklich. Es war zwischenzeitlich bereits mit einem Herzultraschall bestätigt worden. Sie hatten schon mit der Blutverdünnung begonnen. Außerdem wurde gerade ein Medikament zum Auflösen der Lungenembolie aus der Hauptstadt unseres Bundesstaates geholt. Seine Herzfrequenz stieg bedrohlich an. Gleichzeitig sorgten weitere Medikamente für eine Stabilisierung des immer weiter sinkenden Blutdruckes. Es begann ein Wettlauf gegen die Zeit. Würde er das Medikament zum Auflösen der Lungenembolie noch rechtzeitig erhalten, bevor sein Herz komplett versagen würde?

Mit Zuversicht im Gepäck ging ich nach dem Mittagessen wieder zurück in die Klinik. Gerade am Gartentor angekommen, schoss mir ein Gedanke durch den Kopf. Fast hörbar flüsterte eine Stimme düster: „Alexander wird überleben. Aber dafür wirst du sterben." Ich wehrte mich gegen diesen Gedanken. Und als würde Jesus zu mir sprechen, konnte ich seine Worte der Wahrheit kristallklar hören: „Alexander wird leben, weil ich für ihn gestorben bin."

Während des kompletten Nachmittags ging es mir schlecht. Als ich später wieder zu Hause ankam, blieb mir plötzlich die Luft weg. Ich hatte einen Druck auf der Brust. Alles drehte sich. Ich schnappte nach Luft und hatte das Gefühl, ohnmächtig zu werden. Hatte ich mich vor wenigen Tagen doch angesteckt? Angst machte sich breit. Ich schlich ins Schlafzimmer, um meine Vitalparameter zu überprüfen. Keine Besonderheiten. Trotzdem fühlte ich mich elend. Unter dem Vorwand, noch einen Patienten im Hospital zu haben, schlich ich mich kurz vor dem Abendessen raus. Ich wollte niemanden mit meinem Zustand beunruhigen. Vielleicht könnte ich im Hospital einen Schnelltest machen, um zu sehen, ob ich mich infiziert hatte. Doch ich entschloss mich, lieber in die Krankenhauskapelle zu gehen, um zu beten. Als ich ankam, war diese gerade belegt, weil eine Band dort probte. Kein günstiger Zeitpunkt, um zur Ruhe zu kommen. Ich kletterte hinter dem Krankenhaus auf den Wassertank. Dort gab es so etwas wie eine kleine Terrasse mit Übersicht über das ganze Spital.

„Wenn Friede mit Gott meine Seele durchdringt." Der Titel dieser uralten Hymne ging mir durch den Kopf. Ich suchte ihn auf Spotify. Es gab sieben verschiedene Interpretationen und direkt die erste war von einer meiner Lieblingsbands. Ich startete das Lied und legte mein Handy zur Seite. Mit einem Mal unterbrach die Übertragung, während sich wie von Geisterhand eine andere Version desselben Liedes öffnete. Ich hörte still zu. Die Worte gingen mir Zeile für Zeile durch den Kopf. Ich kannte den Text. Doch als ich nach dem ersten Vers in den Chorus einstimmen wollte, sangen sie einen ganz anderen Text.

„It is well, it is well, through the storm I am held. It is well, it is well with my soul."

„Mir ist wohl, mir ist wohl, auch im Sturm werde ich getragen. Mir ist wohl, meiner Seele geht es gut."

Diese Zeilen berührten mein Herz tief. Gottes Friede überschüttete meine zweifelnde Seele. Jede Angst war verflogen. Er war mit uns im Sturm. Das hatte er uns bereits im Februar zugesagt, als wir noch in Arequipa waren. Und hier auf dem Wassertank hörte ich diese Worte erneut. Ich konnte mich auf sein Wort verlassen. Nicht der Sturm war entscheidend. Seine Anwesenheit machte den Unterschied.

Alexander soll leben

Eine Kontrolle am Folgetag zeigte, dass der große Thrombus erfolgreich aufgelöst worden war. Doch noch immer war das Herz völlig überlastet. Offensichtlich hatte die Therapie gewirkt, was jedoch nicht bedeutete, dass der Patient über den Berg war. Niemand konnte genau sagen, wie viel von der Lungenembolie noch übriggeblieben war. Auch wenn sich die Lunge langsam besserte, kamen mit jedem Tag neue Herausforderungen hinzu. Was sich an jenem Nachmittag in unserer Küche fest in mein Herz graviert hatte, wurde mein Leitspruch in den kommenden Tagen. Alexander wird als Erster die Intensivstation lebend verlassen. Egal, mit wem ich über diesen Fall sprach, es endete immer damit, dass Alexander überleben würde. Doch alles kam anders als erhofft. Unsere Verschnaufpause sollte nicht lange andauern. Die Kontrolle seiner Blutwerte zeigte am Folgetag Überraschendes. Seine Blutplättchen fielen fast stündlich. Sollte sich dies nicht bald bessern, würde seine Blutgerinnung nicht mehr ausreichend funktionieren. Als Folge davon würde es innere Blutungen geben. Wir standen mit dem Rücken an der Wand. Hier gab es keine Blutkonserven für Blutplättchen, mit denen man den Verlust ausgleichen konnte. Wir fragten in der Hauptstadt unseres Bundesstaates nach. Doch auch dort gab es keine Konserven.

Was hatte diesen plötzlichen Abfall verursacht? Mit dem erfolgreichen Auflösen des Thrombus in Alexanders Lunge waren wir einen Schritt vorwärtsgekommen, nur um am nächsten Tag gleich wieder drei zurückzufallen. Mehrere Tage in Folge fielen die Werte unaufhaltsam. Alexander hatte nur noch ein Zehntel der ursprünglichen Blutplättchen. Alle waren in Alarmbereitschaft. Doch zu unserem Erstaunen fing er nicht an zu bluten. Nach drei Tagen zeichnete sich endlich die lang ersehnte Wende ab. Langsam stiegen sie wieder. Und mit ihnen leider auch die Leber- und Nierenwerte. Jetzt zeigte sich, dass andere Organe durch die Infektion in Mitleidenschaft gezogen worden waren. Inzwischen kümmerte sich ein Team von drei Ärzten und ein Dutzend Krankenschwestern rund um die Uhr um Alexander. Er hatte das Glück, der einzige Intensivpatient zu sein. Wir wälzten Literatur, befragten Kollegen im In- und Ausland, holten uns Meinungen und Rat in Referenzzentren und Publikationen ein. Alexander sollte überleben und als Erster die Covid-19-Intensivstation lebend verlassen.

Tagsüber ging es normal mit urologischen Patienten weiter. Da ich der einzige Facharzt für Urologie war, gab es für mich mehr, als genug zu tun. Täglich operierte ich, machte die Stationsarbeit und sah in meinem Ambulanzzimmer neue Patienten. Während der Nacht teilten wir uns zu dritt den Hintergrunddienst für die Intensivstation.

Anfang September stabilisierte sich Alexanders Zustand. Wieder einmal schöpften wir Hoffnung. Von Tag zu Tag wurde Alexander ein bisschen wacher. Es kamen mehr Minuten, dann Stunden dazu, in denen er selbstständig atmete. Dabei wurde er immer ungeduldiger. Langsam drang das Erlebte wieder in sein Bewusstsein. Er wollte nicht länger hier mit all den Kabeln und Schläuchen liegen. Doch noch immer hatte er einen Tubus im Hals, über den er beatmet wurde.

7. September. Seit Tagen hatten wir uns auf diesen Moment vorbereitet. Alle Befunde waren stabil. Wenn Alexander es schaffen würde, könnten wir ihn in Kürze von der Intensivstation entlassen. Mit Herzklopfen zog ich mir erneut die nötige Schutzkleidung an. Ganzkörperanzug, zweifache Handschuhe, doppelte Fußüberzieher, Schutzbrille und Gesichtsschild. Es konnte losgehen. Wir sprachen noch einmal alles gemeinsam durch und bereiteten alle Eventualitäten vor. Sollte etwas schiefgehen, wäre Alexander in Windeseile wieder mit einem Tubus versorgt. Langsam zog ich mit einer Spritze den Dichtungsblock aus dem Beatmungsschlauch. Während wir über den Tubus die Luftröhre frei saugten, zog Martina diesen beherzt heraus. Ein kurzes Husten, dann atmete Alexander. Sofort hielten wir ihm eine Maske mit Sauerstoff vor das Gesicht. Gebannt blicken alle Augen auf den Monitor. Würde seine Sauerstoffsättigung im Blut stabil bleiben? Der Alarm meldete jede Bewegung. Alexander atmete. Nach Wochen des künstlichen Komas und einem tagelangen Kampf gegen den Tod konnte er erstmals selbst atmen.

Wenige Tage später konnte er die Intensivstation verlassen. Doch jedem hier war klar, dass der junge Mann noch einen langen Weg vor sich hatte. Und dieser Weg war steinig. Kaum auf der Isolierstation angekommen, klagte Alexander über Bauchschmerzen. Die nächtliche Laborkontrolle ließ nichts Gutes ahnen. Wieder waren alle in Alarmbereitschaft. In voller Schutzkleidung und mit einem Speziallift ging es am nächsten Tag ins CT. Unser Verdacht bestätigte sich. Alexander hatte eine Entzündung der Gallenblase und damit verbunden eine Darmentzündung entwickelt. Ein herber Rückschlag auf dem Weg Richtung Entlassung. Gott sei Dank wirkte die Umstellung der Antibiotikatherapie und sein Zustand stabilisierte sich.

Nun war es an der Zeit, Alexander mithilfe von Physiotherapie wieder auf die Beine zu bringen. Jede Besserung wurde gefeiert. Endlich konnte er wieder an der Bettkante sitzen, dann stehen, dann einen Schritt gehen. Immer mit Sauerstoffgabe über die Nase. Nach zwei Wochen schaffte er die fünf Meter bis ins Badezimmer. Eine Glanzleistung für den 40-jährigen Mann.

Doch mit der zunehmenden Besserung kamen immer absurdere Situationen zustande. Ich hatte den Eindruck, dass Alexander sich nicht darüber im Klaren war, wer all die Wochen für sein Leben gekämpft hatte. Wochenlang wurde er von einem Ärzte- und Pflegeteam des Missionskrankenhauses Diospi Suyana betreut. Er hatte überlebt, konnte wieder reden und wenige Schritte gehen. Die Wahrscheinlichkeit dafür hatte zwischenzeitlich unter 5% gelegen.

Das schien ihm nicht klar zu sein, denn immer wieder bezeichnete er einen Verwandten als „behandelnden Arzt“.

Jede Maßnahme und jede Medikamentengabe sollte jetzt von seinem „Privatarzt" abgesegnet werden. Seine Worte stießen bei mir auf absolutes Unverständnis. Wie absurd war das? Dank Gottes Gnade und unserer unermüdlichen Arbeit hatte er das Ganze überlebt. Wir hatten ihn behandelt, nicht sein Verwandter.

Zur Erklärung: Es gibt einen Arzt, der aus der Großfamilie C. stammt. Und dieser mischte sich ungebeten ziemlich früh in die Behandlung ein. Er selbst arbeitete als Mediziner in Abancay auf der Intensivstation. Er kannte sich mit Covid-19-Patienten gut aus. Wir auch. Wir brauchten seine Hilfe nicht. Sein einziger Verdienst hatte darin bestanden, dass er uns einmal geholfen hatte, ein Medikament zu besorgen. Im weiteren Verlauf hatte er auf eine Therapieänderung gedrängt, die aller Wahrscheinlichkeit nach als Nebenwirkung den lebensbedrohlichen Abfall der Blutplättchen verursacht hatte. Dann hatte er sich auch noch frech das Recht herausgenommen, in unserem Hospital anzurufen und den Krankenschwestern Befehle zu erteilen. Wir hatten ihm angeboten, seinen Verwandten doch einfach in sein Krankenhaus zu verlegen. Das hatte er abgelehnt. So weit reichte seine Befugnis nicht einmal im eigenen Haus. Alexander hatte dafür nicht die richtige Versicherung. Mich machte das wütend. Jede dritte Nacht hatte ich Hintergrunddienst für Alexander gehabt. Martina John hatte Tag und Nacht für ihn zur Verfügung gestanden. Wir hatten alles gegeben, und jetzt so etwas. Ich musste auf mein Herz aufpassen. Je mehr ich darüber nachdachte, desto verbitterter wurde ich.

Bis Gott mir einmal die Augen öffnete. Alexander war nicht der Grund dafür, dass ich hier in den Bergen von Peru war. Ich war hier, weil Er uns berufen hatte. Ich arbeitete im Missionshospital nicht für die Anerkennung von Menschen. Ich war hier, weil Gott es mir zutraute. Diese Dienste hatte ich nicht für Alexander, ich hatte sie für Gott gemacht.

Lange Reise und ein Auto

Nach drei Monaten in Südamerika hatte ich es allmählich satt, alles zu Fuß zu erledigen. Die unsicheren Taxifahrten und das fehlende Nahverkehrsnetz hatten mich zu dem Entschluss gebracht, dass wir ein Auto benötigten. Anders war ein halbwegs sicherer Transport der Familie nicht möglich. Das Risiko, im Straßenverkehr zu verunfallen, ist in Peru zehnmal höher als in Deutschland. Im Februar schrieben wir unseren Newsletter für den Monat März. Darin erwähnten wir, dass Thema „Autokauf". Dank der großzügigen Spenden in den Folgewochen hatten wir das Geld bis auf eine kleine Summe im Sommer zusammen. Als Beispielfahrzeug hatte ich ein Bild aus dem Internet herausgesucht und auf dem Newsletter abgedruckt. Ein H1-Bus der Marke Hyundai in Weiß.

In den nächsten Wochen kümmerte ich mich um den Kauf des Fahrzeuges. Dies war aufgrund der Lockdown Regeln gar nicht so einfach. Ich konnte mich nur auf meine Online-Recherchen verlassen, und die fielen dürftig aus. Kaum ein Autohaus hatte eine aktuelle Internetseite. Wenn man etwas verkaufte, bot man es bei Facebook an. Die Suche nach einem Fahrzeug gestaltete sich mühsam. Außerdem kamen immer mehr Details ans Licht, die gegen unsere Kaufpläne sprachen. So wurde mir im Laufe meiner Suche klar, dass es für gebrauchte Autos keine Garantie gab. Egal, ob man sie privat oder bei einem Händler kaufte. Auch erfuhr ich, dass es immer wieder Fälle gab, in denen Autobesitzer wissentlich Schäden vertuschten. Manche bauten sogar ganze Bremsanlagen um. Wenn dann die Probefahrt vorbei war, wurden die alten Bremsen wieder eingebaut. Es war mir zu riskant, ein gebrauchtes Auto zu erwerben. Hinzu kam eine Entdeckung, die den Kauf eines Hyundai-Busses hinfällig machte. Es gab diesen Bus nur mit 99 PS. Ein Fahrzeug in der Größe eines VW-Busses, zwei Tonnen schwer und nur 99 PS. Mir dämmerte, dass die Suche wieder von vorne beginnen würde. Inzwischen waren weitere drei Monate vergangen.

31. Juli. Mit meinem Nachbarn John wagte ich das erste Mal die Fahrt in die nächste Großstadt Cusco. Aufgrund der Lockdown-Regelungen war dies monatelang nicht möglich gewesen. Die dreistündige Reise über die Anden hatte

zum Ziel, dort nach einem Fahrzeug zu suchen. Vielleicht würde ich bei Toyota fündig werden. Sie haben ein gut ausgebautes Vertriebsnetz in Südamerika. Selbst hier oben in den Bergen wissen die Mechaniker, wie man diese Autos repariert. Ein wahrer Pluspunkt. Kurz vor neun Uhr stand ich vor der Ausstellungshalle. Alle Türen waren verschlossen. Verstohlen blickte ich durch die große Fensterfront. Hier sah ich kein Fahrzeug, das nach europäischem Standard für sieben Personen geeignet war. Eine halbe Stunde später standen die Mitarbeiter noch immer im Kreis und quatschten. Oder, wie sie es ausdrücken würden, sie hielten eine wichtige „Reunión". Ich hatte inzwischen versucht, über die Hintertür näher an die Autos heranzukommen, indem ich mich mit John in die Werkstatt geschmuggelt hatte. Er hatte dort einen Termin für eine Inspektion seines eigenen Fahrzeuges. Als der Wachmann mich bemerkte, flog ich hochkant raus. Hier durfte niemand einfach so Neuwagen anschauen. Der Sicherheitsmann verwies auf einen kleinen Zettel an der Wand. Darauf zu sehen waren Namen mit Handynummern. Die Liste der Verkäufer, die hier arbeiteten. Wer etwas kaufen wollte, musste einen persönlichen Termin ausmachen. Meine Laune war jetzt schon am Nullpunkt angekommen. Womöglich war ich umsonst angereist. Wahllos rief ich den Ersten an. Keine Reaktion. Also telefonierte ich die Liste weiter ab. Den Zweiten, dann den Dritten.

Rückblick, 2017. Ich suchte einen Zweitwagen für unsere Familie. In meiner Heimatstadt Mosbach klapperte ich deshalb Autohäuser ab. Während die Beratung des VW-Verkäufers kompetent und respektvoll war, hatte mich der Autoverkäufer in der Audi-Abteilung mit der Info abserviert, dass er jetzt Mittag mache. Schlussendlich entschied ich mich für eine A-Klasse von Mercedes. Lediglich die Probefahrt stand noch aus. Doch diese hatte mir mit einem völlig untermotorisierten Ausstellungsfahrzeug endgültig die Laune verdorben. Irgendwann im Januar 2018 war ich dann meinem heutigen Freund Thomas Wetterauer über den Weg gelaufen, bei einem Notarzteinsatz in seinem Autohaus. Auf der Trage unseres Rettungsfahrzeuges liegend hatte er mir damals einen Opel Adam S verkauft. Der „Flitzer“, wie ihn die Kinder liebevoll nannten, hatte die letzten zwei Jahre zu mir gepasst wie kein anderes Fahrzeug. Lena sprach immer von meinem „zweiten Zuhause“. Von der Notarzt-Einsatzkleidung bis zum Omelett-Maker hatte ich dort alles untergebracht. Ich konnte mühelos von Wache zu Wache flitzen. Mit 150 PS hatte der Kleinwagen mein Herz erobert.

Und jetzt stand ich in Peru vor einem Schaufenster, um ein Auto zu kaufen. Doch ebenso wie damals in Mosbach bei Audi schien sich kein Verkäufer dafür zu interessieren. Irgendwann meldete sich ein Herr am Telefon. Über mir öffnete sich ein Fenster, und mit einer Handbewegung gab er dem Wachmann ein Zeichen, dass ich passieren durfte. Ich schaute mir die dürftige Ausstellungshalle mit den wenigen Neuwagen an. Kurz gesagt, es war ein Reinfall. Der Verkäufer wollte eigentlich nur ein Auto verkaufen. Das

Größte, das er gerade da hatte. Ich versuchte, ihm klarzumachen, dass ein Fahrzeug mit zwei Klappsitzen im Kofferraum einfach zu klein war für sieben Personen. Dieses Auto hatte lediglich vier normale Sitze. Für peruanische Verhältnisse völlig ausreichend. Kinder zählt man sowieso nicht als Insassen, solange sie auf dem Schoß eines Erwachsenen sitzen. Doch der Verkäufer war anderer Meinung. Dieses Auto passte nach seiner Vorstellung perfekt für uns. Wie die Pinguine aus Madagaskar lächelte ich freundlich, nickte und ging davon.

Nach diesem Erlebnis war ich desillusioniert. Ich hatte mich auf die Reise in eine der größten Städte Perus gemacht, um ein Auto zu kaufen. Insgesamt sollte ich fünf Stunden dafür über die Berge kurven. Das hier war die Hauptstelle von Toyota in Cusco. Enttäuscht machte ich mich auf den Heimweg.

Wir suchen noch immer ein Auto

Bei Toyota hatte ich mir ein Verkaufsprospekt des Landcruisers mitgenommen. Der Jeep hatte viele Vorteile. Trotzdem gab es einen Wermutstropfen. Auch er hatte nur sechs vollwertige Sitze. Zudem lag er mit 60.000 Dollar weit oberhalb unseres Budgets. Die Suche ging von vorne los. Egal, wo ich schaute, ich landete immer wieder bei dem

Kleinbus H1 von Hyundai. Wenn es den Bus nur ausreichend motorisiert gäbe. Wer in aller Welt war auf die Idee gekommen, diesem Bus einen 99-PS-Motor zu verpassen? Ein Fahrzeug, das nur schleppend durch die Lande zog, stellte eine reale Gefahr dar. Zwischenzeitig hatten wir ernsthaft überlegt, das Projekt „eigenes Auto“ an den Nagel zu hängen. Doch die wildesten Taxifahrten hatten uns ausreichend desillusioniert. Um sicher zu reisen, würden wir ein eigenes Fahrzeug benötigen.

18. September. Seit der Spendensammlung in unserem Rundbrief waren sechs Monate vergangen. Ich fühlte mich unwohl bei dem Gedanken, erneut einen Brief zu verfassen. Was sollte darin stehen? Vielleicht das hier: „Liebe Spender, danke für eure Unterstützung, die wir nicht nutzen können, weil wir hier kein Auto finden.“

Mein Handy klingelte: Christian war am Apparat. Als Schulleiter hatte er ein neues Fahrzeug für die Schule gekauft und befand sich in Cusco. „Ich habe gute Neuigkeiten“, sagte er. „Ich bin gerade im Hyundai-Autohaus und habe nach einem Bus für euch gefragt. Es scheint sich etwas zu tun. Das Modell 2021 für das kommende Jahr wird es mit zwei Motoren geben. 99 PS und 171 PS. Das Problem ist nur, es gibt nur einen, und der ist weiß.“ Ich war sofort hellwach. H1-Bus von Hyundai, 171 PS, in Weiß. War das nicht genau das Auto, das ich suchte? Hatte ich nicht vor sechs Monaten ein Bild von exakt diesem Fahrzeug für unseren Newsletter herausgesucht?

„Christian. Reservier bitte das Auto. Ich kaufe es." Ganz so einfach ging es dann doch nicht. Um keine Zeit zu verlieren, machte ich mich am Folgetag sofort auf die Reise nach Cusco. Pünktlich stand ich vor dem Autohaus. Und dieses Mal war alles anders. Ich hatte von Christian die Handynummer der Verkäuferin Pilar erhalten. Ein kurzer Anruf, und ich war drin. Sie zeigte mir das Ausstellungsmodell. Das Fahrzeug unterschied sich nur in Kleinigkeiten von dem, das ich kaufen wollte. Doch dann machte mich Pilar darauf aufmerksam, dass es vom besagten Modell in ganz Peru nur ein einziges Auto gab. Und die Bestände würden sich natürlich regelmäßig ändern. Ich nahm an ihrem Schreibtisch Platz, während sie die Bestandslisten im Computersystem durchschaute. Mit einem leichten Kopfschütteln machte sie klar, dass die aufgeführten Modelltypen nicht dem entsprachen, was wir suchten. 99 PS mit Diesel, 99 PS mit Benzin, 99 PS mit Schaltgetriebe und wahlweise mit Automatik. Von jedem Modell gab es einige Dutzend. Doch wo war unser Fahrzeug? Irgendwann stoppte das Klicken mit der Maus, und Pilar drehte den Monitor in meine Richtung. Mit dem Mauszeiger markierte sie das gesuchte Modell. H1-Bus, 171 PS, Weiß. Dann zeigte sie auf den Bestand: 1. „Wir haben in ganz Peru dieses Auto nur einmal, und das steht in Lima.", sagte sie. „Wenn Sie wollen, können Sie sich das Fahrzeug mit einer Anzahlung sichern." Meine nächste Frage lautete: „Wo ist die Kasse?"

Die Abwicklung des Kaufs und die Anmeldung des Autos zogen sich sechs Wochen hin. Ausreichend Zeit, um sich um den Führerschein zu kümmern. Ich konnte nicht nachvollziehen, wieso das so lange dauerte. Ich weiß, dass es auch in Deutschland monatelange Wartezeiten mit sich bringt, wenn man einen Neuwagen selbst konfiguriert. Doch hier handelte es sich nicht um ein Unikat. Das Fahrzeug stand fix und fertig zur Abholung bereit. Pilar hatte die Überführung organisiert und ich hatte eine weitere Fahrt nach Cusco hinter mich gebracht.

Wer glaubt, dass ein Autokauf mit einem einfachen Kaufvertrag erledigt ist, der täuscht sich. In Peru ist vieles anders. Für den Kauf eines Autos benötigt man hier einen Notar. Und als Ausländer braucht man zusätzlich einen Zeugen, der die peruanische Staatsbürgerschaft trägt. Das führte dazu, dass ich eines Tages schließlich mit dem Wachmann des Krankenhauses loszog. Ich hatte den Vertrag auf dem hiesigen Notariat in Curahuasi unterschrieben und mit meinem Fingerabdruck beglaubigt. Unser Wachmann hatte mit seinem Fingerabdruck und Unterschrift bezeugt, dass ich wirklich der Benjamin Zeier war, der ich vorgab zu sein. Die Notarin hatte ihrerseits insgesamt zehn unterschiedliche Stempel auf dem Papier in der korrekten Reihenfolge angebracht. Das Ganze hatte mich nicht wie telefonisch angekündigt zehn Soles gekostet, sondern 20. Die Begründung: Es hatten ja zwei Personen auf dem Dokument unterschrieben.

Und all das Theater nur, um Tage später von Pilar die Rückmeldung zu erhalten, dass es in Cusco beglaubigt werden musste. Die Verkaufsdokumente waren von der dortigen Notarin moniert worden, weil ich mit Vor- und Zunamen unterzeichnet hatte. Dies bescherte mir eine weitere Fahrt nach Cusco, für zwei Unterschriften und zwei Fingerabdrücke.

Inzwischen war November, und die Regenzeit in den Bergen hatte begonnen. Unser Auto stand in Cusco und ich hatte noch immer keinen Führerschein.

Schwerverletzte und eine Tote

22. Oktober, 14:03 Uhr. Mein Handy klingelte. „Benjamin, es hat in der Nähe von Cconoc einen schweren Verkehrsunfall gegeben. Ein Auto und ein LKW sind wohl kollidiert. Es gibt mehrere Schwerverletzte und eine tote Person. Zwei Ambulanzen sind schon unterwegs. Könntest du mit unserer Ambulanz auch runterfahren?" Ich war augenblicklich hellwach. „Klar. Ich bin in drei Minuten am Hospital." Ich rannte den Berg hinunter, quer über den Vorplatz des Krankenhauses. Sekunden später sprang ich in den Rettungswagen. Unser Ambulanzfahrzeug ist wohl das Beste, das es in unserem Landkreis gibt. Es dauerte eine Ewigkeit, bis die Ambulanzschwester einstieg und wir endlich losfahren konnten. Horn und Lichter an. Klaus John gab dem Fahrer noch schnell die Anweisung, vorsichtig zu fahren. Ich grinste übers ganze Gesicht. Wie hatte ich diese Arbeit

vermisst. Unzählige Einsätze hatte ich in Deutschland gefahren. Seit frühester Kindheit zog mich der Rettungsdienst in seinen Bann. Wo immer ein Notarztfahrzeug stand, hatte es meine Aufmerksamkeit. Mein größter beruflicher Traum war 2017 in Erfüllung gegangen. An jenem Tag kurz vor Weihnachten, als ich meinen Notarztschein endlich in den Händen hielt. Und jetzt war es wieder so weit. Der 2. Einsatz in diesem Jahr. Mit jedem Pulsschlag schoss eine weitere Portion Adrenalin und Endorphine durch meinen Körper. Wir rasten mit Signal Richtung Ortsmitte.

Plötzlich wurde unsere Fahrt jäh unterbrochen. Curahuasi hatte seit wenigen Wochen eine Ampel, die erste im 30.000-Seelen-Städtchen. Genau dort stand ein Mitarbeiter des örtlichen Gesundheitspostens. Mit erhobener Hand forderte er uns auf, stehen zu bleiben. Mein Fahrer ließ verwundert das Fenster herunter. Uns wurde mitgeteilt, dass wir nicht mehr weiterfahren müssten, da bereits zwei Ambulanzen unterwegs seien. Wir erklärten ihm kurz, dass es insgesamt sieben oder mehr Verletzte gäbe und wir von den Bomberos nachgefordert worden waren. „Wenn das so ist“, sagte er, „dann komme ich mit.“ Er öffnete die Schiebetüre und stieg ungebeten ein. Mein Fahrer setzte die abenteuerliche Fahrt fort. Der mir unbekannte Mitarbeiter des Gesundheitspostens stand hinten im Auto und blickte durch das kleine Fenster zwischen Fahrer- und Beifahrersitz. Noch im Ort Curahuasi kam uns bereits die erste Ambulanz entgegen.

Der rote Kleinbus der Bomberos hatte auch schon bessere Zeiten gesehen. Es muss sich wohl um eine Spende handeln. Anders ist nicht zu erklären, warum der Rettungswagen das Lenkrad auf der falschen Seite hat. Im hinteren Teil befinden sich nebeneinander zwei Liegen, auf denen Schwerstverletzte transportiert werden. Die Bomberos, also die Freiwillige Feuerwehr, sind hier hoch angesehen. Unter Einsatz des eigenen Lebens klettern sie in tiefe Schluchten, um Überlebende zu retten. Doch die Ausrüstung und Qualität sind allenfalls mit dem Rettungsdienst der 60er-Jahre in Deutschland vergleichbar. Akute Blutungen werden mit Verbänden komprimiert und Schwerverletzte ins nächste Hospital gekarrt. Die unsäglichen Schmerzen während der Fahrt über die kurvigen Passstraßen halten die Patienten dabei zumindest so lange wach, wie der Blutverlust es zulässt. Medikamentöse, schmerzlindernde Behandlungen gibt es nicht.

Wir schlängelten uns langsam Richtung Cconoc. Einige Minuten später kam uns erneut eine Ambulanz entgegen. Winkend fuhren sie an uns vorbei. Funkgeräte zur Koordination der Rettungskräfte gibt es hier nicht. Einzig die privaten Handys bieten eine Möglichkeit der Kommunikation. Doch das Netz in den Bergen gleicht einem Schweizer Käse. Wir waren jetzt 20 Minuten unterwegs und noch immer nicht am Unfallort angekommen. Bereits vor einer Viertelstunde war uns in Curahuasi die erste Ambulanz entgegengekommen. Auch sie hatte mehr als 20 Minuten Anfahrt zum Unfallort hinter sich gebracht. Dann hatte sie

Verletzte eingeladen und war wieder mehr als 20 Minuten den Berg hinaufgeschlichen. Wenn meine Berechnung stimmte, musste der Unfall gegen 13:15 Uhr passiert sein. Wir hatten erst um 14:03 Uhr davon erfahren.

Kurz vor Cconoc bemerkten wir ein demoliertes Fahrzeug rechts in einer Seitenstraße. Zwei Straßenarbeiter, die gerade zufällig in der Gegend die Abwasserrinne säuberten, wussten Bescheid. „Ja, das ist das Unfallfahrzeug.“, antworteten sie auf unsere kurze Frage. Es stand einsam und verlassen da. Keine Polizei, keine Absperrung, kein Leichenwagen, kein Abschleppwagen, keine Feuerwehr, kein Lastwagen, der wohl am Unfall beteiligt gewesen sein sollte. Wir parkten am Wegrand und ich lief den kurzen Weg die Seitenstraße hinauf. Der Blick durch die Seitenscheibe zeigte das ganze Ausmaß des Aufpralls. Quer im Fahrzeug lag eine Frau schräg hinter dem Fahrersitz. Eine kurze Untersuchung machte klar, dass es sich hierbei um die Tote handelte. Sie war offensichtlich ihren schweren Kopf- und Halsverletzungen erlegen. Im Auto lagen Säcke mit Kartoffeln und riesige Kürbisse. Sie waren von der Wucht des Aufpralls völlig zerstört worden. Dazwischen Kleidung, Rucksäcke, der Hut eines Quechua-Indianers, persönliche Gegenstände. Die Fahrgastzelle war stark deformiert. Der Fahrer musste schwerste Kopfverletzungen davongetragen haben. Ungläubig stand ich neben dem Wrack und blickte immer wieder die Nebenstraße bis zur Panamericana hinunter. Was hatte dazu geführt, dass der Kleinbus hier gegen die Felswand gefahren war? Ich lief ein Stück den

Berg hinauf, bis ich wieder Handy-Empfang hatte. Eine kurze Rückmeldung an die Krankenhausleitung: „Wir kommen ohne Patienten zurück.“ Ich deckte die Leiche der vielleicht 50-jährigen Frau mit Jacken zu. Dann machten wir uns auf den Heimweg.

Zeitgleich lief die Notambulanz unseres Missionshospitals voll. Immer mehr Verletzte wurden eingeliefert. Es sollte ein langer Abend werden. Nach der Erstversorgung in der Notaufnahme ging es direkt in den OP-Saal.

Der tragische Unfall hatte eine Tote und sieben Schwerverletzte gefordert. Vier Oberschenkelbrüche, eine Beckenringfraktur, eine Rippenserienfraktur und weitere Verletzungen waren die traurige Bilanz.

Mehr als der Hauptgewinn

Noch immer fühle ich mich meiner Heimat in Deutschland verbunden. Von Zeit zu Zeit lese ich online die heimische Rhein-Neckar-Zeitung. Ich frage mich oft, warum ich das tue. Meine Antwort lautet dann immer: „Weil meine Großeltern dort noch leben und ich wissen will, wie ihre Situation ist.“ Die Wahrheit ist wohl eine andere. Ich bin einfach nur heimatverbunden.

Eines Tages schlug mir das Onlineportal einen interessanten Artikel vor. Darin ging es um einen Sonderpreis des

Rotary Clubs Mosbach-Buchen. Gemeinsam mit der Bürgerstiftung lobten sie dieses Jahr einen Preis unter dem Motto „stille Helden“ aus. Es gab drei Preise und der Hauptgewinn lag bei 3000 Euro. Geehrt werden sollten ehrenamtliche Helfer, die sich in der Corona-Pandemie engagiert hatten. Leser der Zeitung konnten Projekte oder Personen zur Nominierung vorschlagen. Ich schickte diesen Artikel einem Freund in Mosbach. Ich wollte wissen, was er davon hielt und ob er der Meinung war, dass wir mit einer Nominierung Chancen hätten. Immerhin lebte unsere Mission ausschließlich von Spenden. Er schlug uns vor.

Am 13. Oktober 2020 meldete sich der Chefredakteur der Rhein-Neckar-Zeitung. Per WhatsApp teilte er mir mit, dass wir für die Nominierung vorgesehen waren. Mit uns wurden vier lokale Projekte, von „Backen gegen die Krise“ bis „Einkaufsdienst“, nominiert. Ab dem 21. Oktober konnte man seine Stimme per E-Mail oder telefonisch abgeben. Uns blieb genau eine Woche Zeit, um die Werbetrommel zu rühren. Noch im Morgengrauen setzte ich mich hin und arbeitete eine Strategie aus. Mein Freund hatte mir zuvor den Tipp gegeben, über Broadcast-Listen persönliche Nachrichten an hunderte Bekannte zu verschicken. Also legte ich los. Schnell war die erste Liste mit 256 Nummern voll. Ich legte eine Zweite an. Er wollte mir außerdem dabei helfen, so viele Freunde und Bekannte wie möglich zu motivieren, für uns abzustimmen. Je mehr Menschen davon erfuhren, umso besser.

6:19 Uhr. Ich unterbrach meine Vorbereitungen. Normalerweise nehme ich mir morgens Zeit, um zu beten und die Bibel zu lesen. An diesem Tag war diese Nominierung sehr präsent. Unendlich viele Gedanken schwirrten mir durch den Kopf. Ich fragte Gott ernsthaft nach seiner Meinung. „Was sollen wir tun? Was würdest du tun?" Die Antwort war so deutlich, dass ich es nicht überhören konnte. „Nichts."

Nichts tun? Das würde klar damit enden, dass niemand für uns abstimmen würde. „Wenn du etwas tun willst, dann bete." Dazu las ich im 1. Petrusbrief das Kapitel 1. Darin beschreibt der Autor ab Vers 6 die kurzfristige Probe, die uns traurig macht, aber der Bewährung unseres Glaubens dient. Und diese sei viel kostbarer als vergängliches Gold.

Über diese Antwort war ich verärgert. Hier lagen 3000 Euro auf dem Tisch. Wir mussten etwas tun! Also fing ich an zu beten: „Herr, bewege du Herzen, die für uns abstimmen." Schnell realisierte ich, wie egoistisch und unnötig dieses Gebet war. Geld war eine großartige Sache. Diesen Preis zu gewinnen auch. Aber dafür waren wir nicht angetreten. Wir waren hier, um das Leben anderer Menschen zu bereichern. Es ging nicht um mich oder um einen kurzen Moment des Ruhmes. Und irgendwie erwischte ich mich dabei, dass ich nichts dagegen gehabt hätte, diese Anerkennung zu erhalten. Ich schickte meinem Freund eine kurze Sprachnachricht. „Wir werden keine Werbung für uns machen." Und dann beschrieb ich, wie es zu diesem Sinneswandel gekommen war. Glücklicherweise zeigte er Verständnis für meine Entscheidung. Bis dahin hatten lediglich er und meine Großeltern davon erfahren.

Die Woche verging, und ich schaute tatenlos zu. Immer wieder kribbelte es mir in den Fingern. Allein mit einem Post auf Instagram oder WhatsApp hätte ich hunderte Menschen darüber informieren können. Wir hatten einen treuen Freundeskreis und viele Menschen verfolgten unsere Reise. Wir hätten mehrere hundert Unterstützer zur Abstimmung mobilisieren können.

31. Oktober. Tag der Entscheidung. Ohne ein Wunder schienen meine Gewinnchancen bei null zu liegen. Nach der „stillen Zeit“ beginnt mein Morgen damit, dass ich Nachrichten, E-Mails oder WhatsApps aus Deutschland lese. Wir leben hier in einer Zeitzone, die viele Stunden hinter Europa liegt. Meistens erhalte ich daher Nachrichten, während ich noch schlafe. So auch an jenem Morgen. Als ich aufwachte, hatte ich zwei Nachrichten bei WhatsApp erhalten. Eine hatte mir mein Freund aus Mosbach geschickt. Darin ein Foto des aktuellen Zeitungsartikels über die Abstimmung.

Mit 33 Stimmen hatten wir weit abgeschlagen den letzten Platz belegt. Zu aller Demütigung hatte die Zeitung nicht nur das Ranking, sondern auch die eingegangenen Stimmen gedruckt. Kaum einer hatte für uns abgestimmt. Und dabei hätten wir mit nur 114 Stimmen den ersten Platz belegen können. An der gesamten Abstimmung hatten gerade einmal 356 Personen teilgenommen. Ohne zu übertreiben: Im Zeitalter von Social Media wäre es ein Leichtes gewesen, diese Abstimmung zu gewinnen.

Und dann war noch eine zweite Nachricht angekommen. Diese war genauso kurz wie die Erste. Sie kam von meinem Freund Walter Volz. Er wusste nichts von der Abstimmung, da er die Rhein-Neckar-Zeitung nicht las. Vor einiger Zeit hatte er angerufen und nachgefragt, ob er uns irgendwie noch helfen könnte. Ich hatte ihm von einer Anschaffung erzählt, die wir kürzlich getätigt hatten. Ohne zu zögern, hatte Walter gesagt: „Schick mir bitte die Rechnungen, ich bezahle das.“ Dann hatte er aufgelegt.

Auch er schickte mir an demselben Morgen ein Foto. Eine Überweisung, die den Hauptgewinn übertraf. Ich war beschämt und gleichzeitig dankbar. Wieder hatte ich in den letzten Tagen eine Lektion gelernt. Bei unserer Mission ging es nicht um uns. Es ging nicht um Ruhm und Anerkennung, es ging nicht um Geld. Gott sorgte für uns. Er hatte unsere Bedürfnisse und Ausgaben in vollem Umfang im Blick. Ihm entging nichts. Und Er tat Wunder – so, wie Er es wollte.

Auto ohne Führerschein

Noch einmal zurück zum Thema Führerschein. Wir hatten inzwischen unser Auto. Es stand abholbereit in Cusco.

Doch ohne peruanische Lizenz konnte ich es nicht abholen. Es ist allseits bekannt, dass viele Peruaner auf diesen gänzlich verzichten. Es wird schon nichts passieren. Gerade hier oben in den Bergen stört sich niemand daran. Die größte Gefahr geht sowieso von alkoholisierten Fahrern aus, ob mit oder ohne Führerschein. Täglich setzen sich betrunkene Männer hinter das Steuer, in der Hoffnung, heil nach Hause zu kommen. Diospi Suyana kann darüber eine endlose Leidensliste der vergangenen Jahre schreiben.

Erst vor zwei Tagen hatte ein betrunkener Autofahrer aus dem Ort sein Fahrzeug gegen eine Wand gesetzt und dabei zum Glück nur sich selbst schwer verletzt. Rippenbrüche und Verletzungen der Lunge, der Speiseröhre, der Bauchspeicheldrüse, des Kopfes und der Harnblase hatte er sich zugezogen. Man möchte sich nicht ausmalen, welches Leid der Unfall verursacht hätte, wenn zu diesem Zeitpunkt ein Fußgänger vor dem Haus unterwegs gewesen wäre. Im peruanischen Straßenverkehr muss man in jedem Moment mit dem Schlimmsten rechnen. Selbst vorsichtiges Fahren ist keine Garantie dafür, dass nichts passiert. Wer als Ausländer in einen Unfall verwickelt ist, ist schnell der Schuldige. Es bekommt nicht der sein Recht, der recht hat, sondern der, mit den besseren Beziehungen. Oder notfalls auch derjenige, mit dem höheren Bestechungsgeld. Unter diesen Umständen erschien mir das Fahren ohne peruanische Fahrerlaubnis viel zu riskant.

Seit 20 Jahren fuhr ich fast unfallfrei Auto. Ich hatte in Deutschland hunderttausende Kilometer hinter dem Steuer zurückgelegt. Doch das interessierte hier niemanden. Auch das Fahren mit dem internationalen Führerschein war auf maximal sechs Monate beschränkt. Diese Zeit war schon längst abgelaufen.

Um eine reguläre Fahrerlaubnis der Kategorie IA zu erhalten, sind drei Schritte nötig. Am Anfang steht das „Examen psicosomático“. Dabei handelt es sich um so etwas wie einen Idiotentest. In einem mehrstündigen Prüfungsverfahren werden die kognitiven und körperlichen Fähigkeiten getestet. Das bieten nur ausgewählten Kliniken an. Danach folgt ein schriftliches und schlussendlich ein praktisches Examen. So etwas wie Pflichtfahrstunden in einer Fahrschule gibt es nicht. Dafür aber jede Menge Möglichkeiten, die Prüfungen mit entsprechenden Bestechungsgeldern zu umgehen.

Ende Oktober machte ich mich auf den Weg nach Abancay, um den Idiotentest hinter mich zu bringen. Ich hatte gehört, dass das Ministerium für Transportwesen wieder geöffnet hatte. 90 Minuten Fahrt, 63km, fast 2000 Meter Höhenunterschied und genauso viele Kurven. Die Strecke in unsere Landeshauptstadt führt über einen 4000er Pass. Als ich ankam, fand ich wieder etwas Überraschendes heraus. Wegen Corona hatten die Kliniken in Abancay, in denen man dieses Examen machen konnte, geschlossen. Wer meint, dass man das doch auch online herausfinden könne, der täuscht sich gewaltig. Hier muss man überall persönlich vorbeischauen. Frustriert fuhr ich wieder zurück nach Curahuasi. Tage später machte ich mich am frühen

Morgen erneut auf den Weg. Dieses Mal in das zweieinhalb Stunden entfernte Cusco. Dort hatten die lizenzierten Hospitäler schon wieder geöffnet, wie ich aus sicherer Quelle erfahren hatte. In Cusco angekommen, wartete bereits die nächste Enttäuschung. Die Kliniken hatten zwar geöffnet, das Examen konnte dort aber nur der machen, der auch im Bundesstaat Cusco gemeldet war. Ich dagegen kam aus dem Nachbarbundesstaat Apurímac. Doch auch dafür sollte es eine Lösung geben. Ein Bekannter in einer Seitenstraße könnte meine Meldeadresse von Apurímac auf Cusco umschreiben. Das würde bis morgen dauern und würde ein bisschen was kosten. Ich lehnte dankend ab und verschwand aus dem zwielichtigen Eck. Auch dieses Mal ging es unverrichteter Dinge nach Hause.

Wieder war es Christian, der mir den entscheidenden Tipp gab. Auf einem Foto war die Visitenkarte einer „Fahrschule“ aus Abancay zu sehen. Der Name: „Senor de los milagros.“ – Der Herr der Wunder. Ich hoffte, hier nicht mein blaues Wunder zu erleben, und ließ mich auf einen erneuten Versuch ein. Corona hatte auch hier zu massiven Einschränkungen geführt. Es war nicht möglich, einfach so zu erscheinen. Ich erhielt einen Termin für Dienstag in der folgenden Woche. Wieder ging es morgens nach Abancay. Über den 4000 Meter hohen Pass, gefühlt 3000 Kurven. Pünktlich um 14:00 Uhr war ich vor Ort. Die nächsten vier Stunden ähnelten einem Affentheater. Endlose Fragebögen, die alle mit Bleistift auszufüllen waren. Koordinationstest, Hören, Sehen, körperliche Untersuchung. Am Ende stand fest: Ich bin fettleibig, habe einen Bluthochdruck, kann schlecht sehen und bin nervös. Wieder erinnerte mich die Szene an „Die Pinguine aus Madagaskar“: „Stur lächeln und winken, Männer, lächeln und winken.“ Das Ganze war nur mit einer großen Portion Humor zu ertragen. Schlussendlich hatte ich das Examen bestanden und konnte mich zur schriftlichen Prüfung anmelden.

Noch in derselben Woche ging es freitags um 5:30 Uhr erneut nach Abancay. 4000 Meter, 3000 Kurven. Pünktlich um 7:00 Uhr stand ich vor dem Transportministerium, um eine Eintrittskarte zu ziehen. Doch da war es schon zu spät. Der Wachmann gab mir zu verstehen, dass ich dafür bereits vor 90 Minuten hätte da sein müssen. Aber ich könne ja heute wenigstens schon mal bezahlen. Die Kasse würde um 9:00 Uhr öffnen. Irgendwie fehlte mir um diese Uhrzeit jeglicher Sinn für Humor. Vielleicht war das der Grund dafür, warum ich das erste Mal ernsthaft betete. An die Gartenmauer gelehnt bat ich Gott um ein Wunder. Und als hätte er es gehört, schaute mich der Wachmann im nächsten Moment an und sagte: „Komm, geben sie ihre Unterlagen her, ich schreib sie noch für 12:00 Uhr auf die Liste.“

Eine Stunde später, gegen 8:00 Uhr, klopfte mir jemand von hinten auf die Schulter. „Hey, doctor, como estás?“ – Hey, Doktor, wie geht es dir? Es war Herbert, ein Lehrer der Diospi-Suyana-Schule. Er kommt aus Tacna, im Süden von Peru. Er und seine Familie sind nach Curahuasi gezogen, um dort als Lehrer an der christlichen Schule zu arbeiten. Wir kannten uns von gelegentlichen Treffen im

Krankenhaus oder auf der Straße. „Was machst du denn hier?“, fragte ich. Auch er war für das theoretische Examen hierhergekommen. Ich wollte wissen, ob er einen Coupon, also eine Eintrittskarte hatte, um für die Prüfung zugelassen zu werden. Er verneinte, aber irgendwie könne man das ja regeln, man müsse nur reden. Ich dachte mir meinen Teil. Wie sollte das funktionieren? Niemals würde er heute zur Prüfung drankommen, denn die Coupons waren ja bereits um 5:30 Uhr vergeben worden, also vor zweieinhalb Stunden. Kurz nach 9:00 Uhr öffnete das Ministerium. Wir beide reihten uns in die Schlange zum Bezahlen ein. Wenig später verließ ich das Transportministerium. Meine Prüfung sollte gegen 12:00 Uhr stattfinden.

Passierschein A 38

Kurz nach 11.00 Uhr war ich wieder zurück. Ich hatte mir in der Nähe des Marktplatzes in einem Restaurant noch ein kühles Getränk gegönnt. Mein Herz schlug schneller als ich erneut vor dem Ministerium stand. Ich wusste nicht, ob dafür die Aufregung verantwortlich war oder die Cola. Wenig später kam Herbert freudestrahlend aus dem Gebäude. In der Hand hielt er einen Zettel mit dem Prüfungsergebnis: „aprobado“ – bestanden. Beim 4. Versuch war er jetzt endlich erfolgreich gewesen. Ich fiel schier vom Glauben ab. „Wie kann es sein, dass du keinen Coupon hattest und vor mir zur Prüfung zugelassen wurdest?“, fragte ich. Er druckste ein wenig herum. Er habe eben mit dem Wachmann geredet. Genauere Details wollte ich nicht wissen, ich war mir jedoch sicher, dass er nichts dafür bezahlt hatte. Zwischenzeitlich hatte mir der Sicherheitsmann noch einmal versichert, dass ich um 12:00 Uhr an der Reihe sei, aber bisher nicht auf der offiziellen Liste stünde. Was wollte er mir damit sagen? Erwartete er zunächst eine „Zuwendung“?

Ich erzählte Herbert von meiner Situation. Noch schneller, als ich sehen konnte, war er wieder im Ministerium verschwunden, nur um fünf Minuten später dem Wachmann mitzuteilen, dass der Doktor reinkommen solle. Faceschild, Maske, Rundumdesinfektion. Dann durfte ich durch. Ein ausgeklügeltes Leitsystem mit gelben Pfeilen führte in eine Baracke hinter dem Hauptgebäude. Nebenan bauten sie bereits seit sechs Jahren an dem neuen Ministerium. Der Rohbau des 3-stöckigen Gebäudes würde vielleicht in den nächsten zwölf Monaten fertig werden. Herbert entpuppte sich als wahrer Engel. Gemeinsam füllten wir eine Handvoll Dokumente aus. Ich war mir sicher, dass ich in Kürze meine Prüfung schreiben dürfte. Doch weit gefehlt. Erst mussten diese Papiere noch einmal von einer Sachbearbeiterin geprüft werden. Und die hatte, wie so oft, natürlich etwas auszusetzen. Bei den Unterlagen fehlten ein Passfoto und eine „Declaración Domicilio“. Dieses Dokument würde ich im heimischen Rathaus erhalten. Mit ihm bestätigt ein Beamter, dass man tatsächlich dort wohnt, wo man gemeldet ist. Sie schickte mich wieder nach Hause. Ohne dieses Dokument könne sie nichts machen. Mein Hals schwoll an. Vor meinem inneren Auge spielten sich Szenen ab, die ich lieber nicht beschreiben möchte. Die gefühlte Wut brachte mich fast zum Platzen. Ich atmete tief durch. „Ich bleibe jetzt einfach hier sitzen.“, dachte ich mir. Inzwischen mischte sich eine zweite und irgendwann auch eine dritte Sachbearbeiterin ein. Sie redeten auf mich ein wie auf einen kranken Gaul. Ich blieb stur. „Wenn ich jetzt hier rausgehe, komme ich nicht mehr rein“, erklärte ich. „Ich bin hier, um die Prüfung zu absolvieren, das Bild kann ich doch auch nachreichen.“ Diese behördlichen Schikanen werden von manchen als „passive Rebellion“ bezeichnet. Sie werden vor allem dann sichtbar, wenn ein Ausländer auf der Bildfläche erscheint.

Ich hatte jetzt bereits den vierten Tag damit zugebracht, irgendwelche Behördengänge für den Führerschein zu erledigen. Vier Tage, in denen ich nicht im OP stehen konnte. Vier Tage, in denen ich im Hospital fehlte. Das ganze Theater hier erinnerte mich an die Szene „Passierschein A38“ aus Asterix und Obelix. Ich versuchte, es mit Humor zu nehmen. Ich war hier angetreten, um das theoretische Examen zu absolvieren, und ich würde nicht eher gehen, bevor ich diese Prüfung hinter mich gebracht hätte. Und da sie in einer Stunde hier Feierabend hätten, könnte es auch nicht mehr allzu lange dauern. Und tatsächlich. Irgendwann schien es ihr wohl zu blöd zu werden. Widerwillig gab sie meine Daten in das Computersystem ein. Keine 30

Minuten später verließ ich das Ministerium genauso freudestrahlend wie Herbert. Auf das Examen hatte ich mich wochenlang vorbereitet und diese ohne Probleme bestanden. Doch der schwierigste Teil lag noch vor mir.

Viele Geschichten ranken sich um die praktische Prüfung. Man muss auf einem abschüssigen Feld mit Schotterpiste einen Parcours fahren. Die Kür ist im Vorfeld bis ins Detail vorgeschrieben. Und eigentlich dient dieser nicht dazu, die Fahrfähigkeit zu prüfen. Vielmehr ist die Dreckpiste auf Willkür ausgelegt. Ein fehlerfreies Absolvieren ist nahezu unmöglich. Der Prüfer kann entscheiden, ob er mehr sehen möchte oder nicht. Missionare, die jahrelange Fahrerfahrung in Deutschland hatten, waren vor mir schon bis zu viermal durchgefallen.

Bei der theoretischen Prüfung war mir etwas aufgefallen. Von Zeit zu Zeit erschienen Peruaner vor dem Ministerium in Dienstkleidung. Sie kamen alle erstaunlich schnell dran. Ich dagegen saß noch immer auf der Mauer und wartete. Ein Polizist in voller Montur trat zum Examen an und kam direkt durch. Ein anderes Mal war es ein Mitarbeiter des Rathauses mit auffälliger Kleidung, die ihn eindeutig als solchen kennzeichnete. Und warum war Herbert mit seinem auffälligen Diospi-Suyana-Pullover direkt an der Reihe gewesen? Konnte es allein am äußeren Auftreten liegen? Ich plante ein soziales Experiment. Wenn ich mit meiner Vermutung richtig lag, müsste ich zur praktischen Prüfung einfach in Arztkleidung erscheinen. Jeder sollte sehen, dass ich wichtig war. Wenn das Ganze nicht mehr war, als ein Zirkus, wollte ich meine Kür auch vorführen. Am Tag vor der praktischen Prüfung holte ich mir aus der Wäschekammer ein weißes T-Shirt mit aufgesticktem Diospi-Suyana-Logo, dazu eine weiße Hose und weiße Schuhe. Fehlte nur noch das passende Namensschild. In der Mittagspause machte ich mich auf den Weg zu einem Schreibwarengeschäft, um mir das nötige Material zu besorgen. Ich druckte folgende Zeilen aus:

Médico Dr. Benjamin Zeier
Unidades de Vigilancia Intensiva
Ventilación mecánica, Comando Covid-19

Arzt Dr. Benjamin Zeier
Überwachungsstation
Mechanische Beatmung, Kommando Covid-19

Jeder, der irgendwie wichtig war, gehörte einem Kommando an. Fehlte nur noch ein Stempel. Alles, was ich fand, war mein eigener Stempel. Darauf stand, dass ich „Médico de emergencia" war. Darüber kritzelte ich noch eine Unterschrift. Jetzt sah das Schild wie ein wichtiges peruanisches Dokument aus. Wenn meine Strategie aufgehen würde, wäre die Prüfung morgen lediglich eine Frage der Formalität.

Die Zirkusnummer

Am nächsten Morgen um 4:30 Uhr stand ich in weiß gekleidet vor dem Hospital. Punkt 6:00 Uhr kamen wir am Transportministerium an. Ich richtete mein selbst gebasteltes Schild zurecht, und dann ging die Vorstellung los. Entgegen allen anderen Wartenden stellte ich mich nicht in die Schlange, sondern eröffnete eine neue auf der gegenüberliegenden Seite der Tür. Schließlich war ich „wichtig". Ich musste mir das Lachen verkneifen. Alle nahmen es ernst. Eine Frau fragte kurz nach, sah dann mein Namensschild und entschuldigte sich direkt. Ich erhielt sofort einen Coupon für die Prüfung um 11:00 Uhr.

Im Vorfeld hatte ich mich bereits ausführlich mit dem Parcours beschäftigt. Andere Missionare vor mir hatten schon Vorarbeit geleistet und alle Fallen aufgeschrieben. Jetzt ging es darum, das Ganze am Vormittag noch mit einer Fahrschule auf einem Acker zu üben.

In Peru tritt man zur Fahrprüfung mit seinem eigenen Auto an. Man fährt ohne Führerschein zur Prüfung und auch wieder zurück. Da ich kein Fahrzeug für das Examen hatte, musste ich mir eines bei einer „Fahrschule" leihen. Der Fahrlehrer, also der Besitzer des Wagens, erklärte mir das Auto. „Das ist die Schaltung, das ist die Handbremse, das ist die Wegfahrsperre." Es war so absurd, dass ich mir wieder das Grinsen verkneifen musste. Neben mir saß ein 25-Jähriger, der mich ständig „Kind" nannte. Zirkusvorbereitung vom Feinsten. Der Trainings-Parcours hatte es in sich. Nicht etwa, weil die Prüfungsaufgaben so schwierig waren, sondern vielmehr, weil die Schlaglöcher und Bodenrillen auf dem Acker ein Fahren fast unmöglich machten.

Die Prüfung kam. Ausnahmsweise war ich vor diesem Examen nicht aufgeregt. Meine Verkleidung in Weiß saß perfekt. Insgesamt zierten vier Diospi-Suyana-Logos das Outfit. Man konnte aus allen Richtungen sofort erkennen, wo ich herkam. Endlich wurde mein Name aufgerufen. Vor dem Metalltor scharten sich um die 40 Leute. Jeder versuchte, einen Blick durch den Türspalt zu erhaschen, um das mysteriöse Spiel hinter dem roten Eingang mitverfolgen zu können. Ich fuhr mit dem Fahrschulauto langsam durch das Tor. Schließlich war ich an der Reihe.

Ein neues Problem tat sich auf. Die Autos wurden mit Kennzeichen registriert und durften jeweils nur einmal zur Prüfung verwendet werden. Der Inspektor am Eingang musterte jedes Fahrzeug. „Mit dem können Sie nicht zur Prüfung antreten, das war heute schon einmal da." Mein „Fahrschullehrer" hatte das gewusst. Er hatte trotzdem acht Fahrschüler mit einem Auto hierhergebracht. Seiner Meinung nach würde das irgendwie funktionieren.

„Einfach sitzen bleiben.", sagte ich mir. Das hatte ich schon in der theoretischen Prüfung gelernt. Und genau das tat ich. Ich rührte mich kein bisschen. Der Inspektor kam nahe ans Auto. Er musterte mich und mein Namensschild. „Ich bin Arzt, ich warte schon seit 6:00 Uhr. Ich muss jetzt die Prüfung machen. Ich habe keine Zeit." Das leuchtete ihm ein. Klar! Wer wichtig war, durfte nicht aufgehalten werden. Er winkte mich zu den Prüfern durch. Diese waren inzwischen über das Problem informiert. Auch sie musterten das Namensschild. Und anstatt mich nach dem Kennzeichen meines Fahrzeuges zu fragen, sagte einer: „Welche Farbe hat Ihr Auto?“ – „Schwarz.“ Und das trug er dann auf dem Protokoll ein. Ich konnte loslegen.

Im Rückspiegel beobachtete ich den Prüfer. Er schaute mir die meiste Zeit gar nicht zu. Ganz langsam fuhr ich den Parcours ab, erst vorwärts, dann rückwärts. Dann senkrecht, dann seitlich einparken. Immer schön den Warnblinker anschalten und auf die Ampeln achten. Ich meisterte die Kür mit Bravour. Das konnte der Prüfer nicht auf sich sitzen lassen. Er fragte nach: „Welche Stellung müssen die Vorderreifen haben, wenn man am Hang einparkt?“ Ich drehte mal nach links, dann nach rechts, dann geradeaus. Seine Antwort: „Ja, genau!“

Der Daumen seines Kollegen ging hoch. Ich hatte bestanden! „Wo kommen Sie her?“ - „Aus Deutschland.“. Ihm war das große Logo auf meinem Oberteil nicht entgangen. Ganz offensichtlich kannte er die Segnungen, die Diospi Suyana diesem Bundesstaat und dem Land Peru gebracht hatten. Er murmelte leise irgendwas vor sich hin und ließ mich schließlich gehen. Ich stolzierte langsam über den Platz. Mein Experiment war gelungen.

Nach mir versuchte der Fahrschullehrer noch weitere Schüler zur Prüfung zu bringen. Doch jedes Mal, wenn einer mit dem Fahrzeug durch das Tor fuhr, wurde er umgehend vom Inspektor wieder rausgescheucht. Es gab schließlich keine Ausnahmen. Ich wartete derweil vor der Tür. Morgen könnte ich meinen Unterlagen einreichen, mit einer Kopie der Fahrzeugpapiere. Doch die gab es erst, wenn alle acht Schüler durch waren.

Ich wartete zwei Stunden in der brütenden Hitze im Wagen. Dabei beobachtete ich das wilde Treiben und Hupen auf dem Feldweg vor dem Parcours. Ein Knall. Ich blickte nach vorne. Ein anderer Fahrschüler hatte sein Auto rückwärts gegen das unsere gesetzt. Sofort startete eine hitzige Diskussion. Mein Fahrlehrer witterte seine Chance, noch einige Soles extra abzupressen. Der Schüler musste auf jeden Fall finanziell für den Schaden aufkommen. Das Nummernschild war hinüber. Es wurde immer lauter. Schnell standen fünf Leute vor dem Auto, um das Schild zu begutachten. Ich konnte nur schmunzeln. Der Fahrlehrer ließ erst locker, als der Unfallverursacher zehn Soles herausrückte.

Der ganze Zirkus hatte sich bis spät in den Nachmittag gezogen. Mir blieb nicht mehr viel Zeit. Um 17:00 Uhr musste ich zurück im Krankenhaus sein. Ich hatte Nachtdienst. Schlussendlich schaffte ich es gerade noch rechtzeitig.

Die Nacht war unruhig. Bis nach Mitternacht gab es Notfälle. Lange konnte ich nicht einschlafen. Um 6:00 Uhr am Morgen würde erneut mein Taxifahrer vor dem Hospital auf mich warten. Wir hatten uns für eine weitere Fahrt nach Abancay verabredet. Um das Prüfungsverfahren der Fahrerlaubnis abzuschließen, müsste ich noch einmal kommen. Es gäbe Dokumente zu unterschreiben. Eine Woche später würde ich dann endlich den Führerschein abholen können. Meine Vorfreude war schon längst verflogen, da ich nur auf die nächsten Hürden wartete.

Wunder gibt es immer wieder

Am nächsten Morgen stand ich kurz vor halb acht erneut vor dem Transportministerium. Wieder in Weiß und wieder mit einem großen aufgestickten Logo von Diospi Suyana.

Ich malte mir aus, wie es wohl wäre, wenn wir ein ähnlich kompliziertes System in Deutschland hätten. Wir kommen aus Baden-Württemberg. Unsere Landeshauptstadt ist Stuttgart. Gäbe es dieselben Bedingungen wie hier, hätte ich für jede Prüfung und Unterschrift nach Stuttgart fahren müssen. Immer in der Hoffnung, am Morgen einen Coupon zu ziehen, um dann im Laufe des Tages mit dem Examen an der Reihe zu sein.

Diesmal kannte mich der Pförtner. Gegen halb zehn war es dann so weit. Und wer hätte es geahnt, der Doktor von Diospi hatte wieder „Preferencia“. Ich durfte als Erster ins Ministerium, um meine Dokumente für den Führerschein zu unterzeichnen. Doch ich wusste gar nicht, wo ich hinmusste. „Schnell noch unterschreiben“, dachte ich mir, „und dann im Taxi wieder zurück." Für den Nachmittag hatte ich zwei Operationen geplant. Wenn ich um 12:00 Uhr hier rauskäme, würde ich es gerade noch rechtzeitig schaffen.

Die Sachbearbeiterin sah mein großes Logo von Diospi Suyana und war offensichtlich direkt angetan. Im vergangenen Jahr hatte ihre Familie von der guten Behandlung unseres Krankenhauses profitiert. Ich schickte ein Dankgebet zum Himmel. Es schien gut zu laufen. Ich sollte nur noch kurz vor der Tür warten, da es irgendwelche Unregelmäßigkeiten mit dem Bild gab. Eine vorgesetzte Instanz würde dies absegnen müssen. Sie verschwand mit meinen Unterlagen. Es vergingen 30 Minuten. Noch war ich entspannt. Wenn ich erst in einer Stunde hier rauskäme, würde es zeitlich immer noch reichen. In der Zwischenzeit arbeitete die junge Dame weiter. Einer nach dem anderen kam an die Reihe. Unterschrieb, setzte einen Fingerabdruck darunter und ging wieder. Nach einer weiteren halben Stunde drängelte ich mich noch einmal vor. „Ich habe für den Nachmittag zwei Operationen geplant", teilte ich ihr mit. Mein Puffer schwand auf unter 30 Minuten. Irgendwann war es 12:00 Uhr und ich saß immer noch im Wartebereich. Ich rief in der Klinik an und sagte die zweite Operation ab. Selbst wenn ich hier bald rauskäme, würde am Nachmittag nur noch Zeit für eine bleiben. Der Tag hatte so hoffnungsvoll begonnen, doch irgendwie schien es jetzt zu klemmen. Dabei hatte ich den Eindruck, dass die junge Dame sich wirklich ins Zeug legte. Mehrmals unterbrach sie ihre Arbeit und lief mal hier hin und dann mal dort hin. Immer mit dem Versprechen: „Nur noch ganz kurz. Es ist gleich so weit." Inzwischen waren drei Stunden vergangen. Dass in Peru alles länger dauert, wusste ich. Doch dass ich für eine Unterschrift und einen Fingerabdruck geschlagene drei Stunden Wartezeit mitbringen musste, hatte ich nicht geahnt.

Endlich. Kurz nach zwölf wurde ich als einer der Letzten noch Wartenden aufgerufen. „Kommen Sie mit.", sagte die Dame und führte mich in ein abgetrenntes Hinterzimmer. Dort saß der Chef der Behörde, Alfonso Q., ein ungefähr 50-jähriger, gepflegter Peruaner. Gut genährt und etwas kurz. Ich durfte Platz nehmen. Die Sachbearbeiterin flüsterte ihm einige Dinge zu. Auf dem Schreibtisch lag ein kleines Kärtchen. Bei genauerem Hinsehen erkannte ich darauf mein Passfoto. „Bitte hier noch unterschreiben und einen Fingerabdruck." Die Dame hielt mir ein aufgeschlagenes Buch hin. Alfonso Q. fuhr fort: „Sie sind also Arzt. Welche Fachrichtung?" – „Ich bin Urologe." Wir waren direkt beim Thema. Wer hatte in diesem Alter keine urologischen Probleme? Und dann händigte er mir den Führerschein aus. Ich konnte mein Glück kaum fassen.

Bis vor fünf Minuten hatte ich mich noch über die Trägheit der Behörde geärgert, immer mit dem Gedanken im Hinterkopf, dass ich in einer Woche wieder hier sitzen würde, um meine Fahrerlaubnis abzuholen. Mir war schleierhaft gewesen, wie für eine Unterschrift und einen Fingerabdruck drei Stunden vergehen konnten. Doch schlagartig wurde mir bewusst, dass der Doktor von Diospi erneut bevorzugt worden war. Während ich in dem sonnigen Wartebereich schwitzte, hatte die Dame hinter den Kulissen beste Arbeit geleistet. Sie hatte nicht nur mein Bild autorisieren lassen, sondern direkt den Führerschein erstellt. Ich war sprachlos. Warum dauerte für „Normalos" alles so lange? Und warum war das meiste in kürzester Zeit möglich, wenn man nur in der „Preferencia"-Schlange stand?

Ein kurzes Dankeschön. Dann saß ich mit meinem Führerschein schon wieder im Taxi. Von unterwegs organisierte ich telefonisch die Vorbereitungen für die Operation. Ich könnte um zwei Uhr im Operationssaal sein. Während der nächsten 90 Minuten hatte ich Zeit, um über die letzten vierzehn Tage nachzudenken. In Zivil hatte mich anfangs niemand erkannt. Alles war schleppend gelaufen. Doch als ich mit meiner Arztkleidung auftrat, hatte ich im Behördenzirkus sofort Vortritt. Ich hatte an keiner Stelle auch nur einen Sol mehr bezahlt. Niemand hatte von mir Geld erhalten, um Dokumente zu fälschen. Lediglich ein urologischer Patient hatte um meine Nummer gebeten, für den Fall, dass sich seine Probleme in der Zukunft verschärfen würden.

Nach 203 Tagen im Lockdown

„Ich frage mich seit Tagen nur eines: Warum müssen wir hier sein?“ Ich hielt meine weinende Tochter Kaila im Arm. Es war einer der Tage, an dem mir das Herz blutete. Fast so wie damals, als mich Lucas 2019 fragte: „Papa, warum muss das sein?“ Einen Moment zuvor hatte er von mir erfahren, dass wir planten, nach Peru auszureisen. Er hatte schlagartig realisiert, dass diese Entscheidung sein junges Leben für immer verändern würde.

„Ich frage mich das manchmal auch.“, war meine leise Antwort an Kaila. Ich unterbrach die Arbeit. Nach einer kurzen Tour mit dem Quad saßen wir beide auf unserem Baumhaus. Unter uns leuchtete das Krankenhaus Diospi Suyana. Die Reise hierher hatten wir gewagt, weil wir einen Ruf in das größte Missionshospital Perus erhalten hatten. Wir waren nicht hier, weil wir ein Abenteuer suchten. Diese Mission hatte uns gefunden. Am 6. März 2018, als alles mit einer Geburt, einem Gebet an einem alten Holzkreuz und einer E-Mail aus Peru begann. Wir waren hier, weil Gott uns gerufen hatte. Er kannte den Weg und er kannte die Umstände. Er wusste, dass es Momente geben würde, die uns an unsere Grenzen bringen würden. Und er hatte es uns zugetraut. Deshalb waren wir hier.

Mitte März verloren wir über Nacht einen Großteil unserer Freiheit. Auch wenn es sich langsam ankündigte, hatte niemand damit gerechnet, dass es uns mit solch einer Wucht treffen würde. 14 Tage, dann wäre das Leben wieder normal. Als nach zwei Wochen weitere zwei dazu kamen, hatten wir die erste Krise als Familie. Wir waren in einem 80 Quadratmeter kleinen Appartement in einer fremden Stadt gefangen. Jetzt durfte nichts passieren. Die Krankenhäuser füllten sich zunehmend mit Covid-19-Patienten. Alles andere wurde irgendwann nicht einmal mehr behandelt. Dazu war die Stadt für ihre Erdbeben bekannt, die uns immer wieder in Schrecken versetzten. Der letzte Flieger hatte schon lange Arequipa verlassen. Es gab keine Möglichkeit mehr. Wir saßen fest.

Aus vier Wochen wurden sechs, dann acht. Ein Monat im Lockdown reihte sich an den anderen. Jeder tat gut daran, sich an die Maßnahmen zu halten. Zur Not setzte das Militär mit Waffengewalt die Anordnungen durch. Auch wenn uns die Ausreise nach Curahuasi Mitte April gelungen war, bedeutete es nicht, dass damit alles vorbei war. Hier wurde vieles lockerer gehandhabt. Trotzdem waren auch hier die Restriktionen immens. Ein monatelanges Leben in Isolation setzte uns allen zu. Hinzu kamen neue Herausforderungen in dieser ärmlichen Region. Hautausschläge, Parasiten, Flohbisse, Magen-Darm-Entzündungen. An vielen Tagen war mein Körper völlig kraftlos. Jeder Schritt war mühsam. Dazu kam die mir unbekannte Sprache. Nicht selten fiel ich abends mit den Kindern um halb acht fix und fertig ins Bett. Irgendwie hatten wir das alles anders geplant. In diesem Moment war die Versuchung groß, unser altes Leben in Deutschland zu idealisieren.

Wie schön war es doch, im Luxus zu leben. Mit Pool im Garten, einem Spielplatz vor dem Haus. Zwei Autos, sauberes Wasser, ständig Strom, alles ordentlich und großzügig eingerichtet. Ich verbot mir derartige Gedanken, denn sie waren nichts als Verschwendung meiner wertvollen Lebenszeit. Für uns gab es keine andere Wahl, außer gehorsam diesen Schritt nach Peru zu gehen. Wie jämmerlich würde es mir ergehen, wenn ich wüsste, dass Gott für mich eine Mission plante und ich sie aus Bequemlichkeit verpasste! Trotzdem war der Preis hoch. Jeder hatte hin und wieder einen moralischen Tag. Nicht nur die Kinder. Einer vermisste seine Freunde, ein anderer die guten Spätzle und Schnitzel, wieder einer Oma und Opa. Und ich meine geliebten Notarztdienste und mein schnelles Auto.

Doch war das wirklich so hart? Im Vergleich zu dem, was ich täglich in der Klinik erlebte, war unser Leben einfach nur schön. Viele Menschen hatten bereits vor der Corona-Krise nichts und jetzt noch weniger. Die ohnehin schlechte Gesundheitsversorgung hatte sich in den vergangenen Monaten dramatisch verschlechtert. Täglich erreichten Patienten unser Hospital, die andernorts abgelehnt worden waren. Viele von ihnen mit lebensbedrohlichen Erkrankungen.

So wie José. Die Eltern des 10-jährigen Jungen hatten es gerade noch aus dem Urwald zu uns ins Hochland geschafft. Der Kleine litt seit Tagen unter einem Blinddarmdurchbruch. Er war zuvor in der staatlichen Klinik abgelehnt worden, da es sich schließlich nicht um einen dringenden

Notfall handelte. Um ein Haar hätte er die Fahrt nicht überlebt. Unsere Chirurgin hatte ihm mit einer Notfalloperation das Leben gerettet. Wie viele die Reise bis in unser Hospital nicht schafften, wusste niemand. Daneben schienen unsere Probleme klein.

Noch immer saßen wir auf dem Baumhaus. Die Füße schlenkerten an der Bretterkante, während wir den Himmel über uns betrachteten. Wie jeden Abend hatte sich die Landschaft in eine einzigartige Schönheit gehüllt. Am Horizont die weißen Gletscher, weiter vorne die grünen Hänge. Die Wolken reihten sich in die Bergspitzen ein, als wollten sie diese fortzeichnen.

„Ich bin so froh, dass ich dich habe, Kaila." – „Ich bin froh, dass ich dich hab, Papa." Die Tränen hatte der laue Wind schon lange getrocknet. Minutenlang hatten wir gemeinsam überlegt, was unsere Leben hier unfassbar schön machte. Für welche Menschen wir dankbar waren. Welche Begegnungen ohne diese Reise nie zustande gekommen wären. Welches Privileg wir hatten, hier leben zu dürfen. Welche reiche Erfahrung die neue Sprache und die fremde Kultur doch boten. Es war ein tiefer Moment der Verbundenheit und Liebe. Ein Moment, für den ich Zeit hatte, weil ich genau hier war. Ein Moment, den ich um ein Haar verpasst hätte, wenn ich meiner Arbeit den Vorrang gegeben hätte.

Gott schreibt mit uns eine einzigartige Geschichte. Wie ein guter Vater weiß er, dass es Herausforderungen braucht, um zu wachsen. Und diese hat Er in unserem Lebens-Drehbuch aneinandergereiht. Wir dürfen dabei sein und jede Szene live miterleben. Ein unendliches Privileg.

Dankbar für eine Berufung

Zurück nach Deutschland. 3. März 2018. Wieder klingelte das Telefon. Jedes Mal ging mein Puls in die Höhe. War es Lena? Sie stand kurz vor der Entbindung. Würde es jetzt losgehen?

Der Zettel vor mir war übervoll. Ich hatte 24 Stunden Notdienst in unserem Landkreis. Eine Grippewelle machte diesen Tag zu einem meiner schrecklichsten Dienste. Seit Stunden war ich nonstop unterwegs. Ich hechelte der Flut von immer neuen Patienten hinterher. Dem Disponenten in der Leitstelle schien es Spaß zu machen. Bei jedem neuen Anruf sagte er gehässig: „Ich hab da noch was für Sie." Und dann folgte wieder eine Adresse, die ich anfahren sollte. Ein Patient, der so krank war, dass er nicht selbstständig zum hausärztlichen Notdienst fahren konnte. Und einige nutzten den Service schlicht aus Bequemlichkeit. Oft hatte ich es erlebt, dass die Patienten den Arzt nach Hause anforderten, weil ihnen das Taxi zu teuer war. Oder weil sie es dem Ehemann nicht zutrauten, auf das eigene Kind aufzupassen.

An diesem Tag lastete eine große Last auf meiner Schulter. Den Dienst hatte ich nur widerwillig in der Dienstplanbesprechung angenommen. Wohl wissend, dass am nächsten Tag der Geburtstermin unseres fünften Kindes anstand. Eigentlich müsste ich jetzt daheim sein und Lena den Rücken freihalten. Doch wie so oft war ich auch an diesem Wochenende unterwegs. Und wenn ich in den letzten Monaten mal daheim war, hatte ich meine Zeit damit verbracht, die Wohnfläche im Dachgeschoss zu erweitern. Gegen Abend rief ich meine Arztkollegin an. Selbst mehrfache Mutter und leidenschaftliche Ärztin im Notdienst, übernahm sie für mich die Nacht. Nach zwölf Stunden hatte diese Tortur endlich ein Ende.

4. März. Der Sonntag verging völlig entspannt. Der ganze Stress vom Vortag hatte sich als Luftnummer entpuppt. Am Montag ging es wieder in die Praxis. Immer in Bereitschaft. Lena hatte am Nachmittag noch einen Kontrolltermin beim Frauenarzt. AGs in der Schule und DLRG-Schwimmen. Außerdem stand ein Infoabend im neuen Gymnasium von Lucas auf dem Plan. Ein normaler Tag bei Familie Zeier.

Der neue Erdenbürger ließ sich mächtig Zeit. Meine Schwester hatte sich vorsichtshalber schon am Wochenende bei uns einquartiert. Sie war extra aus Stockach angereist, um auf unsere vier Großen aufzupassen, wenn es losginge.

Gegen Abend nahmen die Wehen zu, bis wir kurz vor Mitternacht schließlich am Eingang der Klinik standen. Wir sahen uns an und sagten beide gleichzeitig: „Auf ein letztes Mal.“ Kurz nach Mitternacht erblickte dann Jonas Kilian das Licht der Welt. Sein Herz schlug rasend schnell. Für ihn hatte sich eine ganz neue Welt geöffnet. Ein friedvoller und bezaubernder Moment, den ich nie vergessen werde.

Eine Stunde später verließ ich den Kreißsaal. Was ich nach allen Geburten getan hatte, wiederholte ich erneut. Ich fuhr mit dem Auto an mein Kreuz. Viele Jahre zuvor war ich bei einem Spaziergang darauf gestoßen. An einer Straßenkreuzung oberhalb von Mosbach steht es versteckt zwischen hoch gewachsenen Tannenbäumen. In großen Lettern ist auf dem Querbalken zu lesen: „In diesem Zeichen wirst du siegen.“ Ich kniete mich andächtig in den feuchten Straßengraben. Hinter mir stand in wolkigem Schleier der abnehmende Mond. Es war leise und kühl. Einzig die Ventilatoren einer nahegelegenen Fabrikhalle surrten monoton vor sich hin. Ich atmete gleichmäßig und fühlte in mich hinein. Ein Gefühl tiefer Harmonie erfüllte mein Herz. Wir waren allein. Worte der Dankbarkeit kamen allmählich über meine Lippen. Ich dankte Gott für Lena, für unseren Sohn, für unsere Kinder und für mein erfülltes Leben. Diesen Reichtum hatte ich Ihm zu verdanken. Und während ich in Gedanken versunken dort kniete, hörte ich mich selbst etwas medizinisch beten: „Lieber Vater, ich weiß, dass das Kapitel der Reproduktion für uns abgeschlossen ist. Bitte zeige mir, was das nächste Kapitel in unserer Familiengeschichte ist.“ Ich öffnete verwundert die

Augen. Fröstelnd lief ich zurück zum Auto. Meine Worte hatten mich selbst überrascht.

Morgens in aller Frühe holte ich Lena und Jonas aus der Klinik ab. Wir hatten uns für eine ambulante Geburt entschieden, da seit Wochen die bereits erwähnte Grippewelle über unser Land rollte und das Krankenhaus aus allen Nähten platzte. Lena kümmerte sich tagsüber um die Kleinen, während ich Erledigungen machte. Abends kam ich nach Hause. Unsere Kinder waren alle versorgt, friedliche Ruhe war für kurze Zeit eingekehrt. Ich stand im Eingangsbereich unseres Hauses und sah die Treppe hinauf. Dort stand Lena. „Schatz, ich hatte in der Nacht ein merkwürdiges Erlebnis." Und dann erzählte ich ihr von meinem Gebet am Kreuz. Mit großen Augen blickte sie mich an und fragte nur: „Benjamin, hast du heute schon deine E-Mails durchgeschaut? Klaus hat geschrieben, der Klaus-Dieter John aus Peru." In diesem Augenblick stand unsere Welt für einen Moment still. Wir beide wussten sofort, dass dies die unerwartete Antwort auf mein Gebet in den frühen Morgenstunden war.

Seit diesem Moment im März 2018 hat sich ein Großteil unseres Lebens verändert. Jede Entscheidung hat eine neue Zielkoordinate bekommen, und für uns als Familie ist eine neue Zeitrechnung angebrochen. Von diesem Tag an trafen wir mutige und entschlossene Entscheidungen im Hinblick auf unsere Zukunft als Familie. Wir haben uns von dem meisten Besitz getrennt. Wir haben unser sicheres Einkommen aufgegeben und einen Spenderkreis aufgebaut.

Heute, mehr als drei Jahre später, befinden wir uns immer noch mitten im größten Abenteuer unseres Lebens. Wir sind als siebenköpfige Familie nach Peru ausgewandert. Seit dem 14. Januar 2020 bewegen wir uns auf Neuland. Wir haben stürmische und gefährliche Momente hinter uns gebracht. Und bis heute haben wir nicht einen Moment an dieser Berufung gezweifelt.

Ich fange wieder an zu schreiben

Mit der letzten Geschichte wollte ich das Buch beenden. Es sollte schon längst veröffentlicht sein. März 2021 war der Plan. Die Pandemie hat alles verändert. Homeschooling, Arbeit und der alltägliche Wahnsinn. Es gibt viele, die im Moment mehr überleben als leben. Auch meine Helfer. Diesen Teil des Buches hatte ich nicht geplant. Aber es passiert so viel. Ich möchte es unbedingt festhalten. Und es hilft mir, dass zu verarbeiten, was ich jeden Tag erlebe. Waren wir nach dem Abklingen der zweiten Welle etwas optimistisch, sind wir seit Wochen von der bitteren Realität eingeholt.

Mai 2021. Peru steckt mitten in der dritten Welle. Jeden Tag sterben Menschen. Viele, im ganzen Land. Doch zuerst ein kleiner Rückblick.

25. Februar 2021. Seit Tagen war ich als einziger Arzt für die Intensivstation verantwortlich. Meine Kollegin Claudia war wegen ihrer Arbeitserlaubnis gezwungen, wieder zurück in die USA zu fliegen. Gemeinsam hatten wir die letzten beiden Patienten auf unsere Intensivstation aufgenommen. Tagelang kämpften wir gemeinsam um ihr Leben. Jetzt stand ich allein da. Ein Ehepaar aus der Gegend. Beide hatten schwerste Lungenschäden durch Covid-19. Für die Ehefrau waren wir am Ende der Therapie angekommen. Es war kurz nach 21.00 Uhr. Sie würde die Nacht nicht überleben. Seit Stunden fiel ihre Sättigung trotz maximaler Beatmung. Wir hatten alles gegeben, doch ihr Lebensweg ging zu Ende. Als wir langsam in einen Sättigungsbereich kamen, der mit dem Leben nicht mehr zu vereinbaren war, schaltete ich alle Alarme ab. Sie sollte in Ruhe sterben. Während ihr Herz immer langsamer schlug, saßen die Pflegekräfte gemeinsam mit mir am Schreibtisch unweit ihres Bettes. Wir beobachteten den Monitor und unterhielten uns über den Tod und die Hoffnung der Auferstehung. Es ging um persönliche Geschichten, die wir mit Jesus erlebt hatten. Elena, unsere Patientin war eine gläubige Frau. Was sie mit uns verband, war diese Hoffnung. Wenn in wenigen Momenten ihr Herz aufhören würde zu schlagen, würden wir ihre tote Hülle in einen schwarzen Leichensack packen. Doch sie würde leben! Mehr als je zuvor.

Kurz nach 23.00 Uhr war es so weit. Ihr Herz hörte auf zu schlagen. Stille. Während wir die Nulllinie auf ihrem

Monitor sahen, erfüllte tiefer Friede die Intensivstation. Gemeinsam stellten wir uns um ihr Bett. Wir beteten. Dieser Moment war heilig. Zeitlos. Es fühlte sich an, als würde sie abgeholt werden. Es war kein Kampf, nicht qualvoll. Sie war still und friedlich gegangen. Nie zuvor war ich so nahe an der Ewigkeit. Nie zuvor hatte ich diese Präsenz so spürbar erlebt.

Und während ich dastand, bekam ich ein Gedicht. Ein Blick über das hinaus, was endlich ist. Ein Blick in die Ewigkeit. Ich schrieb es an Ort und Stelle auf.

Lass mich leise geh'n.
Dem Trubel dieser Welt entflieh'n.
Lass mich leise geh'n.
Ich darf in Frieden zieh'n.

Mein Weg ist nicht zu Ende, er hebt sich nur.
Ich falle nicht, ich bin auf Jesu Spur.
Von jeder Last der Welt bin ich befreit.
Das Gepäck bleibt hier, jeder Schritt ist leicht.

Und an dem Weg entlang ist Raum zum Sitzen.
Für all die Dinge gibt es Zeit.
Nicht weil wir müde sind,
wir müssen uns nicht hetzen.
Wir sind hier in der Ewigkeit.

Und bitte lass mich los, ER geht den Weg mit mir.
Ich bin nicht allein und ER ist auch bei dir.
Lass mich leise geh'n.
Wir werden uns bald wieder seh'n.

Wenige Tage später verließ ihr Ehemann diese Welt. Ich wurde den Verdacht nicht los, dass sie ihn gerufen hatte.

Nach dem Ende der zweiten Welle gab es nur wenige Tage Verschnaufpause. Seit Ende April füllte sich unsere Intensivstation erneut. Kaum war ein Bett frei, wurde es wieder neu belegt. Jede Geschichte war anders und jedes Schicksal dramatisch.

Die nächste Welle

Am 20. April hatte ich meine zehnte Instagram live Sendung. Seit zehn Wochen erzählte ich jeden Dienstag einen Fall aus unserem Krankenhaus. Ich berichtete davon, was ich erlebt hatte. Für diesen Tag hatte ich mir etwas Besonderes ausgedacht. Ich nahm meine Zuschauer für einige Minuten auf unsere Isolierstation mit. Eine Medizinstudentin assistierte mir und hielt die Kamera, während ich erzählte. Wir besuchten zwei Patienten. Beide waren klinisch so stabil, dass sie keine Intensivmedizin benötigten. Eine Beatmung mit Maske reichte aus. Beide waren vorher gefragt worden und hatten zugestimmt. Im ersten Zimmer lag ein 36-jähriger Mann. Er kämpfte bei jedem Atemzug um sein Leben. Die Beatmungsmaske half ihm dabei. Im Nachbarzimmer lag Juan. Der 78-Jährige hatte mit ärztlicher Hilfe daheim die letzten Tage verbracht. Nachdem sich sein Zustand verschlechtert hatte, wurde er in unser Krankenhaus aufgenommen. Mit mahnenden Worten wandte er sich an unsere Online-Zuschauer. Seine Ansprache hörten mehr als 600 Zuhörer. „Nehmt diese Erkrankung ernst. Schützt euch. Das ist ernst, das ist nichts Politisches. Das ist lebensgefährlich." Der Endsiebziger hatte schon vieles erlebt. Doch das hier bedrohte sein Leben unmittelbar. Am Folgetag bedankte ich mich bei der Visite. Ich hoffte darauf, dass seine Worte doch den ein oder anderen meiner Zuhörer zum Nachdenken gebracht hatte.

Nur zwei Tage später änderte sich alles. Juan verschlechterte sich rapide. Eine Verlegung auf die Intensivstation und eine umgehende Intubation waren unausweichlich. Er konnte nicht mehr sprechen. Jetzt sprachen andere für ihn. Die ersten Tage stabilisierte sich sein Zustand. Nur um sich danach dramatisch zu verschlechtern. Zweimal standen mein Team und ich an seinem Bett. Bereit für eine Reanimation. Immer wieder gab es Krisen, die dazu führten, dass seine Sättigung abfiel und seine Herzfrequenz anstieg. Bis über 175 Herzschläge pro Minute. Und jedes Mal verbesserte sich sein Zustand auf wunderliche Weise.

Am 28. April erhielt ich in den frühen Morgenstunden einen Anruf von der Intensivstation. Sein Zustand war so kritisch, dass es schien, als würde er demnächst sterben. Im selben Moment, als ich die Intensivstation betrat, blieb sein Herz stehen. Die anwesende Anästhesistin versuchte mit einem Beatmungsbeutel, Sauerstoff in den Patienten zu bringen. Ich organisierte das Team der Pflegekräfte und leitete die Reanimation. Juan lag in Bett drei unserer Intensivstation.

Wir reanimierten seit 15 Minuten. Da verstarb Mario in Bett eins. Er war so alt und gebrechlich, dass mit dem Patienten der Verzicht auf eine Intubation und eine Reanimation vereinbart worden war. Trotz Gabe von Morphin waren seine letzten Minuten schrecklich. Nach 30 Minuten erfolgloser Reanimation erklärte ich Juan ebenfalls für tot. Innerhalb einer halben Stunde verloren wir zwei Patienten. In Bett zwei, genau dazwischen, kämpfte Judith, eine 23-jährige Mutter um ihr Leben.

Geknickt und niedergeschlagen verließ ich die Intensivstation. Es fühlte sich an, als hätten wir in 30 Minuten zwei Schlachten verloren. Wie sagt das Sprichwort? „Eine verlorene Schlacht ist noch kein verlorener Krieg." Wir würden noch viele Menschenleben retten in den kommenden Wochen. Trotzdem fühlte ich, als würde der Tod sich über mich lustig machen. Und ich fühlte mich schuldig wegen Juan. Eine Woche zuvor hatte ich ihn gebeten, meine Zuhörer zu warnen. Doch hatte ich ihn gewarnt? Mir wurde klar, dass ich ihm die wichtigste Frage des Lebens nicht gestellt hatte. Wie unwichtig war da Instagram, wenn es um die alles entscheidende Frage ging: „Hast du Frieden mit Gott?“

Am Folgetag verschlechterte sich der Zustand von Judith, der 23-jährigen Mutter. In den letzten sieben Tagen waren drei Patienten auf der Intensivstation verstorben. Die Betten waren längst wieder gefüllt. Dass Judith um eine Intubation herumkam, war mit einem Wunder gleich zu setzen. Eine Woche später verlegten wir sie auf die isolierte Normalstation.

Das Bett von Juan bekam David. Ein 36-jähriger Familienvater und Ehemann aus unserem Ort. Bei ihm war ebenfalls der größte Teil seiner Lunge durch die Folgen einer Covid-19-Infektion zerstört. Selbst die geringste Bewegung im Bett führte dazu, dass seine Sauerstoffsättigung lebensbedrohlich abfiel. Am 5. Mai standen wir bei David kurz vor der Intubation. Seine Lunge schaffte es nicht mehr. Wir würden versuchen, mit einer Druckbeatmung sein Leben zu retten. Seine Sauerstoffsättigung im Blut war schlagartig eingebrochen. Dabei atmete er mit mehr als 40 Atemzügen in der Minute. Ich rief Pastor Marcos. Vor mir lag ein 36-Jähriger, der dem Tod entgegenging. Selene, unsere Psychologin, und Marcos beteten mit ihm. Wir standen gebannt am Bett. Bereit, um ihn jederzeit zu intubieren. Die Wahrscheinlichkeit, dass er dies nicht überleben würde, lag bei über 80%. Doch zum Erstaunen aller verbesserte sich sein Zustand von Minute zu Minute. So, dass wir es wagten, von einer Intubation abzusehen. Abends wurde mir der letzte Wunsch seiner Ehefrau mitgeteilt. Sie hatte darum gebeten, noch einmal einen Pastor bei ihm vorbeizuschicken. Er überlebte diese Erkrankung nicht.

15. Mai. „Diese Woche ist niemand auf der Intensivstation gestorben", erzählte ich glücklich in unserem wöchentlichen Podcast. Julia war entlassen. Viktor kämpfte weiter. Und Ramiro machte mir Sorgen. Er war ein stattlicher Peruaner. Anfang 50, kerngesund, groß gewachsen. 95 Kilo. Fit bis vor zwei Wochen. Er hatte sich in einer Klinik Knötchen an den Stimmbändern entfernen lassen. Mit nach Hause nahm er eine Covid-19-Infektion. Sein CT zeigte eine Zerstörung der Lunge von 80%. Die ersten Tage beatmeten wir ihn mit einer Sauerstoffmaske. Doch wenige Tage später verschlechterte sich sein Zustand dramatisch. Es wurde ihm klar, wie nah er dem Tode war. Am 11. Mai rief ich den Pastor auf die Intensivstation. Über WhatsApp verbrachte der Patient 20 Minuten mit seiner Frau und den beiden Töchtern. Ich beobachtete diesen Moment. Wie kostbar Zeit doch ist. Ich dachte an mein Ende. Was wären meine letzten Worte an unsere Kinder und Lena? Was würde ich in diesen 20 Minuten noch sagen? Danach intubierten wir ihn. Wenige Tage später schrieb ich folgenden Text in mein Erinnerungsbuch:

„Während ich diese Zeilen schreibe, bin ich mir nicht sicher, ob Ramiro die nächsten 24 Stunden überleben wird. Trotz maximaler Sauerstofftherapie bekommen wir kaum Luft in seinen Körper. Seit heute hat er wieder Fieber und das trotz maximaler Antibiotikatherapie. Es macht diese Arbeit so hart. Wir kämpfen Tag und Nacht. Ich bin erschöpft. Auch diese Woche werde ich wieder auf über 80 Stunden Bereitschaftsdienst kommen. Dabei fehlt mir die Zeit mit den Kindern. Ich weiß, dass sie endlich ist. Die Zeit läuft. Aber was soll ich tun? Weniger arbeiten? Wie? Gestern wurde Lena von einer Giftspinne gebissen. Schon beim Frühstück hatte sie ständig Niesanfälle. Als ich mittags heimkam, war ihr Gesicht aufgeschwollen und gerötet. Die Nebenhöhlen und die Atemwege machten Probleme. Wir begannen direkt mit einer hohen Dosis Kortison und allem, was dazu gehört. Ihr Zustand hat sich stabilisiert. Trotzdem ist sie schlapp. Ihr Blutbild zeigt einen starken Anstieg der Entzündungswerte. Wieder bin ich im Zwiespalt. Ich sitze auf der Intensivstation und versuche Leben zu retten. Heute Mittag das von Felix. Vor über drei Wochen hatte ich ihn intubiert. Und gleichzeitig sind die Kinder daheim nicht ausreichend beaufsichtigt. Lena geht es so schlecht, dass sie im Bett liegt."

Tage später verstarb Ramiro. Er hinterließ zwei junge Töchter und seine Ehefrau. Was mich zermürbte, waren die ständigen Aufs und Abs. Bei vielen Intensivpatienten ging es einen Schritt vorwärts und dann wieder zwei rückwärts. Dabei gab es auch Lichtmomente. Die große Mehrheit unserer Patienten überlebte! Selbst im Vergleich mit staatlichen Kliniken in Lima schnitten wir besser ab. Wir hatten die besten Beatmungsgeräte zur Verfügung. Die Sauerstoffgeneratoren liefen Tag und Nacht. Besser ging es in Peru nicht. Es mangelte an nichts. Und dabei berührte doch jedes Einzelschicksal.

Probleme mit der Arztlizenz

Seit Beginn meiner Tätigkeit in Peru begleitete mich ständig das eine Thema: die Arztlizenz. Die Anerkennung ausländischer Lizenzen und Titel hatte sich in den letzten Jahren deutlich erschwert. Zuletzt hatte es eigens dafür eine Gesetzesänderung gegeben. Ärzten, die ihre Prüfung außerhalb Perus absolvierten, wurden bewusst Steine in den Weg gelegt. Man wollte keine ausländischen Ärzte, vor allem keine aus Venezuela. Hunderttausende hatten das Krisenland in den letzten Jahren verlassen. Viele waren nach Peru gekommen, in der Hoffnung hier neu Fuß zu fassen. Doch das missfiel den hiesigen Kollegen. Sie witterten ungebetene Konkurrenz. In den großen Städten war das so. Nicht aber im Bergland oder im Dschungel. Ganze Landstriche klagten über Ärztemangel. Es handelte sich um eine unverständliche Gesetzesänderung und war Ausdruck politischer Arroganz. Die Elite in Lima zeigte, dass sie sich für den Rest des Landes nicht interessierte. Für sie gab es Lima. Sonst nichts.

Ab März 2020 schlug die Covid-19-Pandemie mit voller Härte zu. In den folgenden Monaten starben hunderttausende Peruaner. Jeder zehnte positiv getestete Landsmann überlebte die Infektion nicht. Gemessen an der Bevölkerung, hatte Peru weltweit die meisten Todesopfer zu beklagen. Nach einem Jahr waren mehr als 500 Ärzte im Land verstorben. Eine Tragödie, die die Politiker zum Handeln aufforderte. Ein Notstandsgesetz wurde erlassen. Jeder ausländische Arzt durfte mit sofortiger Wirkung bei der Bekämpfung der Pandemie helfen. Unbürokratisch und schnell wurden die Lizenzen erteilt. Doch das Ganze hatte einen Haken. Diese Regelung galt nur für Ärzte in staatlichen Krankenhäusern.

Am 23. März 2021 landete ein Militärhelikopter mit dem amtierenden Interims-Präsidenten Francisco Sagasti in Curahuasi. Er hatte Berater und Minister im Schlepptau. Durch eine wundersame Geschichte war dieser Besuch kurzfristig zustande gekommen. Führung durchs Krankenhaus, Vortrag von Klaus-Dieter John und eine Bitte: Wir brauchen Arztlizenzen. Erweitern sie das Notstandsgesetz für Ärzte, die in Krankenhäusern ohne Gewinnabsicht mitarbeiten. Vor dem Abflug sagte der Präsident seine Hilfe zu.

Zwei Monate später war noch immer keine Bewegung in die Angelegenheit gekommen. Die Zeit drängte. Die Wahl des neuen Präsidenten stand an. Der politische Umbruch warf seine Schatten voraus. Sollte diese Änderung nicht in Kürze verabschiedet werden, wäre die ganze Mühe umsonst gewesen. Es geschah nichts.

Schon im März wurde mir klar, dass ich langfristig nur eine Arztlizenz bekommen würde, wenn ich das Staatsexamen in Peru noch einmal schreiben würde. Das bedeutete, zusätzliche Arbeit. Die größte Hürde schien mir die spanische Sprache. Ich besorgte mir umgehend ein Buch mit den Prüfungsfragen der letzten zehn Jahre. Die nächste

Prüfung war für September angesetzt. Ich machte mir einen Plan. Jeden Tag kreuzte ich 50 Fragen an. So würde ich die 3000 Fragen in den nächsten sechs Monaten schaffen. Von Zeit zu Zeit korrigierte ich sie. Das Ergebnis war ernüchternd. Ich hatte das Gefühl, die Hälfte erst gar nicht zu verstehen. Dazu lag mein letztes Staatsexamen mehr als zehn Jahre zurück. Ich hatte in der Zwischenzeit viel gelernt. Aber eben auch viel vergessen. Zu allem Überfluss wurde die Prüfung vorverlegt. Auf den 5. Juni. Mein Lernplan mit 50 Fragen ging nicht mehr auf. Ich erhöhte auf 100 Fragen pro Tag.

Außerdem rollte seit Wochen erneut eine Covid-19-Welle übers Land. Wochenlang war ich Tag und Nacht gefordert. Es blieb fast keine Zeit zum Lernen. An vielen Abenden setzte ich mich müde an den Schreibtisch. Ich versuchte, zumindest ein paar Fragen zu kreuzen. Jedes Mal, wenn ich wieder ein Kapitel korrigierte, nahm der Frust zu.

An einem dieser Abende kam mir eine Geschichte in den Sinn. Ich hatte sie in dem Buch „Begnadete Hände: Die Geschichte des bekannten Neurochirurgen Ben Carson" gelesen. Ben war durch die erfolgreiche Trennung der am Kopf zusammengewachsenen Binder-Zwillinge aus Ulm international bekannt geworden. Während des Studiums hatte er bei einer Prüfung ein Wunder erlebt. Er war durch das Chemieexamen gefallen. Es gab nur noch eine Chance. Würde er erneut durchfallen, wäre sein Medizinstudium zu Ende. Zwei Tage vor dem Examen hatte er einen Traum. Er sah sich selbst in einem großen Hörsaal. Eine nebulöse

Person schrieb Chemieaufgaben an die Tafel. Der Traum war so real, dass er am nächsten Morgen aufstand und die Lösungen in seinem Chemiebuch suchte. Am Tag drauf bestand er das Examen. Er hatte die Prüfungsfragen zwei Nächte zuvor geträumt.

Diese Geschichte beflügelte mich. Trotz aller Widrigkeiten würde ich bis zur Prüfung lernen. Und für den Rest verließ ich mich auf ein Wunder.

Der 5. Juni kam. Ich hatte mir über 30 Seiten Skript zusammengeschrieben. Alles neue Erkenntnisse, die ich durch die Prüfungsvorbereitung gesammelt hatte. Obwohl ich dranblieb, reichte die Zeit nicht. Ein Großteil der Fragen blieb unbeantwortet. Vor dem Examen legte ich mich fest. Ein Versuch. Einen Zweiten wollte ich meiner Familie nicht zumuten. In den letzten Wochen waren sie viel zu kurz gekommen. Immer wieder hatten mich die Kinder an ein Versprechen erinnert. Vor unserer Ausreise hatte ich zugesagt, dass ich in Peru mehr Zeit mit ihnen verbringen würde. Das Gegenteil war seit Wochen der Fall.

Pünktlich 19:30 Uhr begann die Prüfung. Aufgrund der Pandemie wurde sie nicht in Lima abgehalten. Unter hohen Sicherheitsmaßnahmen hielten sie das Examen online ab. Alles mit Ton- und Kamerakontrolle. Die nächsten drei Stunden klickte ich mich durch 180 Fragen. Für jede hatte ich eine Minute Zeit.

Dienstags darauf kam das Ergebnis: Nota 13,33. Und darunter stand ein Satz, den ich so übersetzte. „Um zu bestehen, dürfen sie nicht über 12 liegen.“ „Du bist mal wieder durchgefallen“, dachte ich. Doch eins wunderte mich. Die Zahl war in Grün geschrieben. Klarheit brachte mir Claudia, eine Mitarbeiterin unseres Krankenhauses. Ihr schickte ich eine WhatsApp mit meinem Prüfungsergebnis. Postwendend gratulierte sie mir.

Seit Anfang Juni habe ich zwei Approbationen. Eine Deutsche und eine Peruanische. Ich habe oft an Ben Carson gedacht. Für mich kam es einem Wunder gleich. Ich hatte 180 Prüfungsfragen gekreuzt und bestanden.

Ein weiteres Blatt wendete sich zum Guten. Kurz vor den Neuwahlen ergänzte die Regierung die Notverordnung. Für den Zeitraum der Pandemie haben jetzt alle Ärzte bei Diospi Suyana eine Lizenz.

Eine Geschichte der Hoffnung

Es gibt Geschichten, die sind das Papier nicht wert, auf dem sie stehen. Und dann gibt es solche, die bei den Betroffenen lange nachhallen. So eine ergab sich Mitte Juni in unserem Missionshospital. Sie erzählt von Toribia, einer 53-jährigen Frau.

Toribia wohnt in Intuhuatana, einer kleinen Comunidad unterhalb von Machu Picchu. Bis vor zwei Jahren kamen in ihrem Örtchen regelmäßig Touristen vorbei. Sie stärkten sich mit einem Sandwich, bevor es dann zur Inca-Stätte hinauf ging. Zu Spitzenzeiten waren es mehr als 1,7 Millionen ausländische Besucher jedes Jahr. Und mit ihnen sprudelten die Einnahmen der hier ansässigen Landsleute. Souvenirs, Lebensmittel, Fahrgeschäfte, Transportangebote. Machu Picchu war das touristische Highlight in Peru. Mit der Covid-19-Pandemie änderte sich das. Keine Touristen, keine Sandwiches, kein Einkommen. Toribia wurde von einem Tag auf den anderen mittellos. Das war im März 2020. Ihr Mann, der auf der Inka-Stätte arbeitete, war ebenfalls davon betroffen. Über Nacht wurden alle touristischen Attraktionen im Land geschlossen. Fast jeder dritte Peruaner teilte in diesen Tagen das Schicksal von Toribia. Zu Fuß und auf LKWs flüchteten hunderttausende aus den großen Städten. Toribia blieb in ihrer Comunidad. Sie fand eine Anstellung bei einem Straßenverkäufer. Täglich kochte sie für die einheimische Bevölkerung am Straßenrand. Eine Art Straßenimbiss, wie man sie im ganzen Land findet. Hier muss es passiert sein. Täglich wechselnde Kundschaft. Jeden Tag Kontakt mit Fremden. Maske und Händedesinfektion schützten nicht ausreichend. Irgendwann Mitte Juni wurde sie krank. Atemprobleme und Kraftlosigkeit. Doch irgendwie verdrängte sie das Naheliegende.

Am 21. Juni machte sie sich abends mit dem Zug auf nach Cusco. Ihr Heimatörtchen ist nur auf diesem Weg erreichbar. Am nächsten Morgen fuhr sie mit dem Taxi weiter nach Curahuasi. Dort versuchte Toribia, in unserem Missionshospital als Notfall aufgenommen zu werden. Zu ihrer Überraschung zeigte der Schnelltest am Eingang, dass sie sich mit Covid-19 infiziert hatte.

Ihre Sauerstoffsättigung im Blut war so niedrig, dass sie umgehend auf die Isolierstation aufgenommen wurde. Ein Röntgenbild zeigte, dass fast die ganze Lunge betroffen war. Sie benötigte dringend Sauerstoff. Irgendwann reichte auch das nicht mehr aus. Als ich samstags mit der Maskenbeatmung begann, verabreichte ich ihr gleichzeitig ein vielversprechendes Medikament. Tocilizumab. Seit einem Monat war es in Europa in die Leitlinien der Covid-19-Behandlung aufgenommen worden. Hierzulande war es unerschwinglich. 1000 Dollar kostete die Behandlungsdosis für einen Patienten. Dank ausländischer Spender hatten wir es in unserer Krankenhausapotheke vorrätig. Wir verlegten sie auf die Intensivstation. Hier überwachten Monitore alle lebenswichtigen Parameter. Nach mehr als 48 Stunden war noch immer keine Besserung in Sicht. Im Gegenteil. Sie drohte jeden Moment zu ersticken. Toribia ließ den Pastor rufen. Ein letztes Gebet, dann folgte die Intubation. Das war am 28. Juni.

Als ich sie mit dem Beatmungsgerät verband, verabschiedete ich mich innerlich von ihr. Sie würde dasselbe Schicksal ereilen, wie neun weitere Patienten in den letzten Wochen. Sie würde nie mehr aufwachen. Ich ging frustriert heim. Über das Wochenende verbesserte sich ihr Zustand unerwartet. Kurzfristig, um sich danach wieder zu verschlechtern. Die Nieren machten Probleme. Aus Hoffnung wurde Zweifel.

Tagelang überwachten wir sie engmaschig und behandelten alle neuen Symptome. Zumindest mit der Heilung der Lunge ging es vorwärts. Nicht schnell, dafür aber stetig.

Bis zum 6. Juli. Die Entfernung des Beatmungsschlauches dauerte nur wenige Augenblicke. Dann hatte Toribia eine Maske vor dem Gesicht und atmete wieder selbst. Sie konnte ihr Glück kaum fassen. Zu schwach zum Sprechen saß sie in ihrem Bett und applaudierte für die Pfleger und Ärzte. Sie hatte als eine der Wenigen in Peru einen derartig schweren Verlauf überlebt. Ein wahrhaft emotionaler Moment für das ganze Team unserer Intensivstation. Am 21. Juli verabschiedete ich mich von ihr. Wir waren uns beide sicher, dass sie ein zweites Leben geschenkt bekommen hatte.

Für mich ist es ein Wunder, dass sie das überlebt hat. Ein Wunder, das nur möglich wurde, weil unsere Unterstützer aus der Heimat diese Mission tragen. Damit berühren sie alle, jeden Tag, das Leben vieler Kranker in Peru. Das von Toribia haben sie gerettet.

Alles kommt anders

Am 11. Juli war es so weit. Der letzte Patient konnte verlegt werden. Ich atmete auf. Endlich könnte ich wieder als Urologe arbeiten. Am selben Abend, kurz vor Mitternacht bekam ich einen Anruf. „Wir brauchen dich zügig." Eine Patientin auf Normalstation hatte angefangen, unkontrolliert zu bluten. Sie musste direkt auf die Intensivstation verlegt werden.

Minuten später stand ich Gewehr bei Fuß. Ohne Schutzkleidung, nicht mit Maske und Schutzbrille. Nach den vielen Monaten auf der Covid-19-Station war das ungewohnt. Gegen halb zwei Uhr morgens verließ Martina John die Intensivstation. Die letzten Stunden hatten wir gemeinsam versucht, diese Patientin zu stabilisieren. In jener Nacht wurden die Stationsschwestern ungewollt die ersten Gratulanten. Martina hatte Geburtstag.

Als ich in den frühen Morgenstunden nach Hause fuhr, ahnte ich schon, dass dies für unsere Patientin kein gutes Ende nehmen würde. Ich hatte sie intubiert und mit Medikamenten begonnen, ihren Kreislauf zu stabilisieren.

Wir tappten im Dunkeln. Wir wussten nur, dass sie seit einem Jahr immer mehr an Gewicht verloren hatte. Sie war schon bei vielen Ärzten gewesen. Bis zuletzt konnte keiner feststellen, was ihr gesundheitliches Problem auslöste. Als letzte Adresse hatte ihr Ehemann sie hier hoch in die Berge gebracht. In der Hoffnung, dass wir ihr helfen könnten. Sie drohte zu verbluten. In der darauffolgenden Nacht kam wieder ein Anruf. Sie hatte einen Herzstillstand erlitten. Reanimation, Bluttransfusionen, Gerinnungsfaktoren, Medikamente zur Kreislaufunterstützung. Sie überlebte den Tag.

Gegen 17:00 Uhr war Übergabe. Zu diesem Zeitpunkt fühlte ich mich krank. Ich bekam erhöhte Temperatur. Nicht verwunderlich, hatte doch Jonas unser jüngster, die letzten drei Tage mit hohem Fieber im Bett verbracht. Ich hatte mich sicher bei ihm angesteckt. Dazu hatte ich zwei Nächte in Folge fast nicht geschlafen.

Schüttelfrost, Gliederschmerzen und hohes Fieber. Trotz Medikamenten war meine Temperatur kaum unter 39 °C zu bekommen. Ich fühlte mich elend. Am dritten Tag ging es langsam bergauf. Doch dann erwischte es Lena. Husten, Fieber, Gliederschmerzen, Bauchschmerzen, Übelkeit. Tagelang verbrachte sie im Bett. Hatten wir uns bei dem Kleinen angesteckt? Warum war es dann so hartnäckig? Jonas war schon längst über den Berg.

Unser Urlaub im Dschungel rückte immer näher. In zwei Tagen würde es losgehen. Am Abend vor der Abreise packten wir die letzten Koffer. Lena und ich hatten am späten Nachmittag unseren wöchentlichen Podcast aufgenommen. Doch während ich ihn schnitt, bekam ich stärkste Halsschmerzen. Es fühlte sich an, als würde mich jemand würgen. Der Kehlkopf brannte wie Feuer. Ich lief in die Klinik, um Medikamente für die Reise zu besorgen. Doch die Beschwerden wurden immer dramatischer. Am selben Abend entschieden wir uns für einen freiwilligen Coronatest. Wenig später hatten wir das Ergebnis. Lena und Lucas waren positiv. Geknickt luden wir alles wieder aus dem Auto aus. Jeder verkroch sich in sein Bett. Die Enttäuschung war riesig. Seit Monaten hatten sich die Kinder auf die bevorstehende Reise gefreut. Und jetzt hatte uns Corona einen Strich durch die Rechnung gemacht. Das Ergebnis bedeutete vierzehn Tage Quarantäne. Zwei Wochen, die einer Achterbahn glichen. Es schien so unwirklich. Seit über einem Jahr hatte ich mit Covid-19-Patienten zu tun. Bei jeder kleinen Erkältung ließ ich mich testen. Ich wollte keine Gefahr für die Familie sein. Und jetzt hatte es uns doch getroffen. Anders und heimtückischer als gedacht.

Tagelang kämpfte ich mit meinen Gedanken. Bilder von der Intensivstation kamen hoch. Immer wieder drängten sich Vergleiche auf. Ich dachte an Ramiro. An seine letzten 20 Minuten mit der Familie. Mir kam David in den Sinn, der 36-jährige Familienvater. Sein Todeskampf, sein verstorbener Körper. Das Wissen über die Erkrankung löste eine ungesunde Gedankenspirale aus. Was hatte sich geändert? Vor wenigen Stunden hatte ich nichts von der Covid-19-Infektion gewusst. Wir hatten uns weitestgehend schon wieder erholt. Körperlich ging es aufwärts. Trotzdem fühlte ich eine Bedrohung. Angst und Ohnmacht wollten sich ausbreiten. Wie wichtig Freunde und Mentoren sind, wurde mir in diesen beiden Wochen bewusst. Zu jeder Tag- und Nachtzeit waren sie für uns da. Wir beteten gemeinsam. Sie ermutigten uns. Sie trugen uns durch dieses Tal. Nach wenigen Wochen war alles überstanden. Alle Angst war verflogen. Alles war wieder gut. Fast alles.

Lena hatte durch die Covid-19-Infektion ihren Geruchssinn verloren. Wochenlang roch sie nichts. Einmal vergaß ich die Bialetti-Kaffeemaschine auf dem Herd. Ich merkte es erst, als das Kaffeepulver in die Maschine gebrannt und der Henkel geschmolzen war. Es roch übel. Alles war verkohlt. Lena roch nichts. Immer wieder bat sie mich, Soßen oder anderes Essen abzuschmecken. Das machte mir Sorgen. Denn ich konnte das nicht ansatzweise so gut wie sie. Durch den Verlust des Geruchsinnes konnte sie auch fast nichts mehr schmecken.

Wochen später roch sie wieder einige wenige Düfte. Jetzt allerdings falsch. Immer wieder kam sie mit völlig absurden Duftnoten an. Sie roch Dinge, die nicht da waren. Und Düfte, die ganz offensichtlich in der Luft lagen, roch sie nicht. So blieb das vier Monate. Im Oktober reiste Lena für eine Woche in die USA. Auf eine Frauenkonferenz in der Nähe von Miami. Am letzten Abend der Veranstaltung führten die Leiter eine Fußwaschung durch. In vielen Freikirchen wird dieses Ritual regelmäßig praktiziert. Es bezieht sich auf eine Begebenheit, in der Jesus seinen Jüngern, als Akt der Demut, die Füße gewaschen hat.

Während dieser Zeremonie saß Lena auf einem Stuhl. Vor ihr stieg aus dem lauwarmen Wasser ein wohlriechender Duft auf. Das erste Mal seit Monaten nahm sie diesen wahr. Etwas verwundert darüber atmete sie mehrfach ein und aus. Kam dieser Duft wirklich aus dem Wasser? Sie konnte es selbst nicht glauben. Bis vor wenige Minuten war ihr Geruchsinn durch die zurückliegende Covid-19-Infektion gestört. Und jetzt nahm sie, trotz Maske, den Duft des Seifenwassers wahr.

Seit diesem Moment ist Lena geheilt. Sie hat ihren Geruchssinn zurück. Sie kocht wieder und sie schmeckt das Essen ab. Es ist, als wäre nie etwas gewesen.

Sein letztes Buch

Ich schreibe Bücher. Das ist kein Geheimnis. Eines davon hältst du gerade in den Händen. Ich schreibe gegen das Vergessen. Für mich, für meine Kinder und für meine Enkel eines Tages. Dabei teile ich das Geschriebene gerne mit anderen. Auch wenn es nicht das vorrangige Ziel ist, so hat sich mancher Leser durch meine Bücher inspirieren lassen.

Walter Volz, ein Freund von uns, hatte die letzten Jahre einen riesigen Buchhandel über Amazon aufgebaut. Mit über 70 war er umtriebig wie eh und je. Als ich ihn kennenlernte, war ein Großteil seines Kellers mit Bücherkisten vollgestellt. Sein Lagerbestand umfasste mehrere tausend Bücher. Die Einnahmen aus den Verkäufen kamen missionarischen Herzensprojekten zugute. Er spendete alles.

Walter wurde krank, sehr krank. Mit der Zeit ließen die Kräfte nach. Er musste diese Leidenschaft aufgeben. Ein Buch jedoch behielt er im Angebot. „Der Aufbruch", geschrieben von mir, Benjamin Zeier. Selbst als Metastasen seinen Körper förmlich durchsetzten, ließ es sich Walter nicht nehmen, Buchbestellungen zur Post zu bringen. Anfang 2021 ging es ihm immer elender. Er stand kurz vor der Verlegung ins Hospiz. Aber noch immer trug er die Amazon-Bestellungen persönlich zur Post. Nach einem dieser Postgänge kam er mit dem Satz nach Hause: „Das ist mein letztes Buch.“ Er sollte recht behalten.

Die letzten Monate verbrachte mein Freund Walter im Hospiz. Dort wartete er auf den Tod. Könnte man meinen. Nicht Walter. Er rief mich persönlich in Peru an und erkundigte sich nach unserem Wohlergehen. Er hörte regelmäßig unseren Podcast und eröffnete einen Instagram-Account, um immer die neuesten Infos zu bekommen. Und Walter wurde zum größten Finanzier unserer technischen Ausstattung. Er wusste, wie wichtig hochwertige Medienarbeit ist. Viele Jahre hatte er der Weltmission der methodistischen Kirche vorgestanden.

9. August 2021. Diese Zeilen schrieb ich wenige Minuten nach einer Sprachnachricht aus Deutschland. Walter ist verstorben. Ich saß gerade in meinem Sprechzimmer im Missionshospital Diospi Suyana. Ich dachte zurück an unsere erste Begegnung im Behandlungszimmer meiner Praxis. Walter war Patient. Und er wurde in den letzten Jahren so viel mehr für mich. Geldgeber, Berater, Motivator, Mutmacher, Unterstützer… und vor allem anderen, Freund. Ich überlegte für einen Moment nach Deutschland zu fliegen. Ich wollte ihm die letzte Ehre erweisen. Es würde knapp werden, aber vielleicht würde ich es trotz aller Coronarestriktionen rechtzeitig schaffen. Ich über-

legte, was Walter getan hätte. Und schnell wurde mir klar, dass er geblieben wäre. Er hätte keinen toten Körper betrauert, er hätte anderen Menschen gedient. Und so sehr ich es auch vermisste, an seinem Grab zu stehen, so sehr wusste ich, dass es richtig war, zu bleiben.

Walter hat seinen Lauf beendet. Er gehört jetzt zu denen, die uns aus dem Jenseits anfeuern. Und dann fiel mir ein Zitat von Billy Graham ein, das auch von Walter stammen könnte:

„Eines Tages werdet ihr hören,
dass Billy Graham tot ist. Glaubt kein Wort.
Ich werde lebendiger sein als jetzt.
Ich werde lediglich meine Adresse gewechselt haben.
Ich werde in die Gegenwart Gottes gegangen sein."

Walter hinterlässt in meinem Leben und in unserer Mission ein unschätzbares Erbe. Walter, wir werden dich nicht vergessen.

Du kannst auch ein Teil sein

Wie viele Teile braucht man für ein Puzzle? Die Antwort ist einfach: „Man braucht alle." Hast du ein 100-Teile-Puzzle, dann brauchst du 100 Teile. Hast du ein 1000-Teile-Puzzle, dann brauchst du 1000 Teile und nicht 999. Jeder kennt das Gefühl, wenn das letzte Teil fehlt. Das nervt.

Über 500 Einzelspender sind wie kleine und große Puzzleteile inzwischen zusammengesetzt. Sie sind die tragenden Teile, die unsere Mission möglich machen. Wir werden immer wieder bewundert für unseren Mut, mit fünf Kindern einen solchen Schritt gewagt zu haben. Doch wenn du mich fragst, sind unsere Spender die wahren Helden hinter dieser Reise. Denn ohne sie wäre diese Mission nicht mehr, als ein frommer Wunsch. Ohne regelmäßige monatliche Spenden aus der Heimat könnten wir diese Arbeit nicht machen. Wir bekommen keine Geld- oder Sachbezüge in Peru. Wir leben ausschließlich von Spenden aus der Heimat.

Eine wachsende Zahl von MÖGLICHMACHERN hat sich mit uns auf die Reise gemacht. Kommst du auch mit? Das können MÖGLICHMACHER tun:

Beten

Bitte bete für uns als Familie und das ganze Team vor Ort. Die Menschen dieser Region kennen andere Gefahren als wir in Mitteleuropa. Neben möglicher Ansteckung mit ungewohnten Krankheiten, Unfällen, politischen Unruhen,

Naturgewalten und Übergriffen bedeutet eine solche Mission eine tägliche kulturelle und sprachliche Herausforderung. Wir glauben an die Kraft des Gebets.

Geben

Regelmäßige Spenden sind die finanzielle Grundlage dieser Mission. Ob du regelmäßig gibst oder zu besonderen Anlässen: Sei großzügig und kreativ. Hast du Geburtstag und willst andere beschenken? Hast du eine Feier oder Spendenaktion organisiert und willst Gutes tun? Oder hast du eine Erbschaft erhalten? Willst du regelmäßig geben und dabei Steuern sparen? Indem du mit deiner Spende hilfst, unsere Fixkosten zu decken, ermöglichst du es, dass weiterhin Quechua-Indianer medizinisch versorgt werden. Werde MÖGLICHMACHER und verändere Leben. Jeder Patient wird es dir danken.

Teilen

Teile dieses Buch und unsere Mission mit deinen Freunden, Arbeitskollegen und Bekannten. Trage dazu bei, dass möglichst viele Menschen davon erfahren. Gemeinsam als MÖGLICHMACHER bewegen wir mehr.

Spendenkonto

Du willst auch ein Teil dieser Mission werden und dazu beitragen, das Leben der Quechua Indianer zu verändern? Das kannst du mit einer Spende auf unser Spendenkonto tun:

Vereinigte deutsche Missionshilfe e.V.
Verwendungszweck: „AC490000 Zeier“
IBAN DE33 2916 7624 0012 5776 00
BIC GENODEF1SHR
Volksbank Syke

Die Vereinigte Deutsche Missionshilfe (VDM) ist unsere deutsche Partnerorganisation. Eine enge Zusammenarbeit besteht mit dem Missionshospital Diospi Suyana. Der Verein mit Sitz in Bassum ist gemeinnützig. Spendenquittungen für den Steuerbescheid erhältst du selbstverständlich auf Anfrage. Mehr Informationen dazu findest du unter:

www.findyourmission.me
und
www.vdm.org

Die Geschichte geht weiter

Du bist zwar am Ende dieses Buches angekommen, nicht aber am Ende der Geschichte. Sie geht weiter. Wir sind jetzt fast zwei Jahre in Peru. Die offizielle Halbzeit haben wir überschritten. Es gab heitere und lustige Momente. Einiges, dass wir geplant hatten und vieles, das uns überraschte. Es gab Höhen und auch viele tiefe Momente. Was wird die zweite Hälfte bringen? Wo wird die Reise hingehen? Ich weiß es nicht. Und das ist auch gut so. Hätte ich manche Momente im Vorfeld gewusst, hätten sie mir vielleicht den Mut geraubt, auf Gottes Ruf ein „Ja“ zu finden. Unser Leben stand schon mehr als einmal Kopf. In diesen Momenten habe ich gelernt: Wenn dein Leben Kopf steht, wird der Tiefpunkt zum Höhepunkt. Gott ist an unserer Seite und er wird es auch weiter sein.

Find your mission

Stell dir vor, du wachst eines Tages auf und dein Leben ist vorbei. Während dein Lebensfilm vor deinen Augen läuft, stellst du fest, dass du im „Stück deines Lebens“ die Hauptrolle verpasst hast. Statt im Zentrum zu stehen, spielst du die Rolle der anderen. Du läufst ihnen hinterher und machst ihnen alles nach. Angezogen von ihrem Glanz und Ruhm, von Freude und gefiltertem Sein. Erst als du hinter die Kulisse schaust, merkst du, dass es alles Schein ist.

Mit 35 Jahren hatte ich alles erreicht, wovon ich vorher geträumt hatte. Autos, ein schönes Haus in bester Lage. Spielplatz und Pool. Die Freiheit, zu arbeiten, wann ich wollte, eine liebevolle Ehefrau und fünf Kinder. Bis zum 6. März 2018.

Heute leben wir als Familie in den Bergen Perus. Ich arbeite als ehrenamtlicher Arzt in einem der bekanntesten Missionshospitäler Südamerikas. Wir haben gemeinsam gelernt, unsere Angst zu überwinden. Unsere Einstellungen und Erwartungen an das Leben verändern sich ständig. Wir haben uns größere Ziele gesteckt und sehen Chancen statt Hindernisse. Wir haben „unmöglich“ für uns neu definiert.

Heute lebe ich die Hauptrolle meines Lebens. Ich lebe meine Mission. Diese Geschichte folgt dem Drehbuch meines Schöpfers. Mit allem, was ich lebe, erlebe, lerne und teile, bin ich dieser Geschichte auf der Spur. Wenn eines Tages mein Lebensfilm an mir vorüberzieht, wird er spannend sein. Hoffentlich bis zur letzten Minute. Die

Geschichte geht weiter. Heute weiß ich, dass alles möglich ist, wenn du auf deiner ganz eigenen Mission unterwegs bist.

„Find your mission" – das ist unser Herzensprojekt geworden. Deine Mission ist genauso individuell und einzigartig wie du. Du hast Fähigkeiten und Talente, die dich und deine Geschichte speziell machen. Wenn du darauf vertraust, dass der beste Autor auch deine Lebensgeschichte schreibt, dann kannst du dich auf ein Abenteuer gefasst machen. Lebe Gottes Original für dein Leben! Lebe deine Mission.

Jeder Mensch hat eine Mission,
die nur er erfüllen kann.

WICHTIGE HINWEISE

Entscheidung zum Aufbruch
von Dr. Benjamin Zeier
Print ISBN: 978-3-96592-000-2 (Softcover)
Audio-ISBN 978-3-96592-003-3 (Audiobook)

Unser Leben steckt voller Entscheidungen. Am Ende ist jeder die Summe der Entscheidungen, die er getroffen hat. Die meisten Menschen bereuen auf dem Sterbebett nicht ihre Entscheidungen, selbst wenn diese falsch waren. Die meisten bereuen die versäumten Entscheidungen. Wir haben 2018 als Ehepaar für uns und unsere fünf Kinder eine Entscheidung getroffen. Sie hat ihr Leben und das unsere für immer verändert. Dieses Buch erzählt Kurzgeschichten von der Reise zu dieser Entscheidung.

Der Aufbruch
von Dr. Benjamin Zeier
Print ISBN: 978-3-96592-007-1 (Hardcover)

Alles beginnt mit einem Gedanken. Die größten Visionen führen zu unvorstellbaren Erfindungen, zu den schönsten Schlössern und den hässlichsten Kriegen. Auch der Gedanke an die Ferne hat schon viele Menschen beflügelt. Allen Aufbrüchen gemeinsam ist das Überwinden von Grenzen. Ein Reisender, der aufbricht und die Grenzen seiner Heimat hinter sich lässt, ein Schmetterling und sein Kokon. Mit einem Mal ist die Grenze überwunden und damit auch der beschützende Rahmen. Die Welt wird größer, unsicherer. Vieles, was bisher einengte, gab irgendwo auch Sicherheit. An mancher Stelle verursacht ein Aufbruch auch einen Bruch. Unsere Reise sprengt die Grenzen, die wir bisher hingenommen haben. Grenzen, die uns auch Sicherheit gegeben haben. Auch unser Aufbruch hinterließ Bruchstücke. Gleichzeitig sehen wir es als eine Chance in unserem Leben, daraus das schönste Mosaikbild zu erschaffen.

Mut

für eine gemeinsame Reise mit deinem Kind

von Dr. Benjamin Zeier

Print ISBN: 978-3-96592-013-2 (Hardcover)

Eines Tages wirst du zurückblicken. Dein Kind wird schon längst aus dem Haus sein. Und mit ihm die Geschichte, die du als Vater in sein Herz geschrieben hast. Wieviel Zeit, Liebe und Leidenschaft du in diese ersten Kapitel gesteckt haben wirst, wird entscheidend sein, für seine weitere Lebensgeschichte.

In diesem Buch teilt Dr. Benjamin Zeier das, was er auf seine jahrelangen Reise als Vater gelernt hat. Er ermutigt Väter, alles für die Herzensbeziehung zu ihrem Kind zu unternehmen. Benjamin ist verheiratet mit Lena Zeier. Gemeinsam haben sie fünf Kinder. Im Januar 2020 ist Familie Zeier nach Peru ausgewandert. Dr. Zeier arbeitet dort als Urologe und Notarzt im Missionshospital Diospi Suyana.